"十三五"国家重点图书项目

国家出版基金项目
NATIONAL PUBLICATION FOUNDATION

高岱◎著

中国英国文化交流史

何芳川◎主编

中外文化交流史

国际文化出版公司
·北京·

图书在版编目（CIP）数据

中外文化交流史 . 中国英国文化交流史 / 何芳川主编 ; 高岱著 . -- 北京 : 国际文化出版公司 , 2020.12

ISBN 978-7-5125-1266-5

Ⅰ . ①中… Ⅱ . ①何… ②高… Ⅲ . ①中英关系－文化交流－文化史 Ⅳ . ① K203 ② K561.03

中国版本图书馆 CIP 数据核字 (2020) 第 270263 号

中外文化交流史·中国英国文化交流史

主　　编	何芳川
作　　者	高　岱
统筹监制	吴昌荣
责任编辑	侯娟雅
出版发行	国际文化出版公司
经　　销	全国新华书店
印　　刷	文畅阁印刷有限公司
开　　本	710 毫米 ×1000 毫米　　16 开
	6.5 印张　　69 千字
版　　次	2020 年 12 月第 1 版
	2020 年 12 月第 1 次印刷
书　　号	ISBN 978-7-5125-1266-5
定　　价	38.00 元

国际文化出版公司

北京朝阳区东土城路乙 9 号　　　　邮编：100013

总编室：（010）64271551　　　传真：（010）64271578

销售热线：（010）64271187

传真：（010）64271187—800

E-mail：icpc@95777.sina.net

目录
Contents

第一章 18世纪以前的中英交往

元代的中英交往

确切地讲，中英之间的实际接触是从 13 世纪中国的元代开始的。1206 年铁木真统一了蒙古各个部落，成为成吉思汗。在 1218 年至 1260 年，成吉思汗及其后人先后发动了 3 次西征，兵锋直抵波兰和匈牙利，建立起了地跨欧亚的庞大帝国，这为东西方的交往创造了有利的条件，"1229 年窝阔台继位后，定都哈喇和林（今蒙古的乌兰巴托附近），和林遂成为极一时之盛的东方国际都市。和林城中，不仅有畏兀儿（即维吾尔）、回回人、波斯人，还有匈牙利人、福勒铭人（居法国的西北部）、俄罗斯人，甚至还有法国人和英国人。在和林充任翻译的巴西尔（Basil）就是出生于匈牙利、精通数国语言的英国人"。①

蒙古的强盛引起了欧洲各国的高度关注。频繁的民间交往在进一步加强中欧之间文化与贸易发展的同时，也使得罗马教皇曾

---

① 萨本仁、潘兴明：《二十世纪的中英关系》，上海人民出版社，1996 年版第 706 页，第 2 页。

铁木真

经想与蒙古结成盟国，使蒙古皈依基督教，共同对付信奉伊斯兰教的阿拉伯人。1245 年，罗马教皇英诺森四世派出了两位教士充当信使出访蒙古。他们中间的一位使者受到蒙古大汗贵由的接见。1247 年，这位教士在写给教皇的书面报告中，就提到"他见到了大汗，很友好，但不能说服他信奉基督教"。①

英诺森四世

不久，法国国王路易九世也于 1253 年派出一位方济各派教士卢卜鲁克的威廉（William of Rubruquis）前往蒙古传教。威廉在和林住了 8 个多月，但同样无法完成促使蒙古大汗皈依基督教的使命。不过，尽管宗教使命未能完成，但他写给路易九世的书信和报告，却大大增加了欧洲人对蒙古的了解："他描述了风土人情、动植物，特别是亚洲的各种宗教情况，庙宇、偶像、仪式……他推论出'震旦'和所谓的'蚕丝之国'是一回事，说'最好的丝织品是从那儿来的'。又说，'震旦'人'哪一行手艺都是出色的'，并且能'按

法国国王路易九世

---

① 周一良主编：《中外文化交流史》，河南人民出版社，1987 年版第 583 页。

脉治病''使用纸币'。他还记载了'中国人用画笔那样的东西写字，一个字常常由几部分组成'。"①

特别值得一提的是，威廉回到巴黎之后，曾和英国著名学者罗杰·培根（Roger Bacon）谈到过他在东方的见闻。后来，"培根在用拉丁文写的《著作全篇》（约1266年，包括文法、逻辑、数学、物理和哲学等）中，就使用了他提供的资料。这是中国第一次出现在英国人的著作中"。②

罗杰·培根

---

① 周一良主编：《中外文化交流史》，河南人民出版社，1987年版第584页。
② Donald F. Lach, *Asia in the Making of Europe*，卷一，第一分册，第34页。转引自周一良主编：《中外文化交流史》，河南人民出版社，1987年版第627页。

随着欧洲各国传教士不断东来，元朝也派出宗教使团前往欧洲回访。元朝定都北京后，曾派遣精通拉丁语的景教徒、畏兀儿人苏马（Rabban Sauma）作为伊利汗阿鲁浑的特使出访罗马和巴黎。有趣的是，他的使命竟与早些时候访问元朝的教皇特使大致相同，即联合欧洲的基督教国家对付中亚的穆斯林。1287 年，苏马经过君士坦丁堡抵达罗马之后，与红衣主教晤谈。因为没有得到罗马教廷的明确答复，苏马继续西行，经热那亚抵巴黎，受到了法国国王菲利普四世的欢迎和接待。在苏马的日记中，他还特别提到在法国西南部的港口城市波尔多，见到了曾远征威尔士和苏格兰的英王爱德华一世。按照我国学者的说法，"这恐怕是中国和英国在外交上的第一次接触了"。[1]

菲利普四世

爱德华一世

曼德维尔以及他的游记

在传教士东来西往的同时，欧洲的商人也沿着古老的"丝绸之路"来到了中国。他

---

[1] 周一良主编：《中外文化交流史》，河南人民出版社，1987 年版第 584 页。

们在与中国商人进行商业贸易的同时，常把他们在中国的所见所闻告诉欧洲人。其中最著名的一本书，便是我们所熟知的《马可·波罗游记》了。然而，该书在问世之初，并没有产生那么大的影响。这不仅是因为当时的人们对书中的内容难以接受，而且还由于它实际上是出自一位与马可·波罗同牢房的传奇小说家之手，更使人们对马可·波罗所讲的情况存有疑虑。实际上，在 14 世纪真正风靡欧洲的一本有关中国的书，是由一位英国作家曼德维尔（Sir John Mandeville）所写的《约翰·曼德维尔爵士游记》。此书最初是用法文写成的，后来才被译成英文，在 1500 年以前差不多已译成所有的欧洲主要文字。尽管作者自称所记载的都是亲身经历，但据现代学者的研究，他恐怕除西欧以外没去过多少地方。这本书是他根据别人的游记、商人和传教士的信函等，再加上神奇的传说材料编写成的。①

在《约翰·曼德维尔爵士游记》中，所叙述的有关中国的情况大致如下："首先，

《马可·波罗游记》插图：马可·波罗和蒙古帝国大汗忽必烈在大都的王廷

---

① 周一良主编：《中外文化交流史》，河南人民出版社，1987 年版第 585 页。

他把中国看为是一个岛，说从热那亚、威尼斯或罗马尼亚走海路和陆路都要 12 个月才能到达'震旦'岛，是从那里往前最大的一个去处，由大可汗（曼德维尔指的是 70 年前已去世的忽必烈）统治。他说：离开爪哇及其他岛屿'向东行若干日即到达曼西（中国南部）……其地极美，物产丰饶'。他说广东'胜过巴黎'，并说广东人最好吃。杭州'胜过威尼斯……城边有一条大河'。南京'曾为可汗之首都'。而对黄河则正确地形容为'常因泛滥而危害国家'。他还形容了可汗朝廷上丰盛的宴会，在上都的避暑离宫，描述了宫廷制度、驿站制度、多妻制、使用纸币、葬礼等。他还

反映鞑靼骑兵的油画，左侧为鞑靼骑兵

说住在震旦的鞑靼人吃各种大小兽肉，如狗、豹、马、驴、鼠等，就是不吃法律保护的动物。他们一天只吃一顿饭，而且吃得很少，英国人一天吃的食品够他们吃三天。那里没有葡萄酒和麦酒，只有乳类、蜜和水混合起来的饮料。"① 类似的描述，可以说是 14 世纪的英国人对中国的最初印象。它既有真实之处，更富有传奇色彩。尽管如此，曼德维尔的这本游记还是使许多英国人了解到：在遥远的东方，存在一个富饶的中国。

中英贸易的最初发展

此后，随着 15 和 16 世纪的地理大发现和新航路的开辟，欧洲人对中国的认识逐步明朗起来。特别是西班牙和葡萄牙人，他们通过耶稣会士和商人，不仅控制了欧洲与中国的贸易，也主导了欧洲与中国之间的文化交流。这种状况的存在，使得刚经过宗教改革并形成民族国家的英国难以接受。早在 1497 年，在冒险精神和获取荣誉的刺激下，英国人约翰·科伯特（John Cabot）便从英格兰出发，开始寻找一条通往中国和印度的航路，但没有取得任何结果。后来的半个多世纪，是英国历史上进行宗教改革的重要时期，探索前往中国新航路的事情暂时被搁置在一边，"直到 1553 年，约翰·科伯特的儿子塞巴斯第安·科伯特（Sebastian Cabot）组织起了一个'商业探险者协会'，目的是开发还未被任

① 周一良主编：《中外文化交流史》，河南人民出版社，1987 年版第 585 ~ 586 页。

何一个英国人知晓和发现的土地。协会的总资产达 6000 英镑。它的成立意味着英国参与东方贸易的开始。1554 年,这个组织获取了第一个特许状,成为历史上有名的'俄罗斯莫斯科公司'。……在塞巴斯第安·科伯特等的组织和推动下,一艘以休·威洛比(Hugh Willoughby)为船长的探险船于 1553 年底沿着挪威海岸驶入北冰洋,向北寻找通往中国(Cathay)的航道。但包括休·威洛比本人在内的全体船员都在北冰洋遇难。第一次向北寻找新航路的探险以失败告终"。[①]

休·威洛比

20 多年后,即 1576 年,又有一群伦敦商人装备了一支寻找通往中国航路的探险队,进而还组织了一个"中国公司",准备进行更大规模的寻找通往中国新航路的探险。1580 年,英国伦敦的俄罗斯公司派出了以亚瑟·庇特(Arthur Pet)和查理斯·杰克曼(Charles Jackman)为首的探险队,继续寻找通往中国的西北航路,但未获成功。两年以后,即明万历十年(1582 年),英王伊丽

伊丽莎白一世

---

① Earl H. Pritchard, *Anglo-Chinese Relations during Seventeenth and Eighteenth Centuries*, Urbara, 1930, p.46. 20

约翰·戴维斯

莎白一世给予中国公司的商人吉尔伯特（A. Gilbert）探寻前往中国航路的特许状。但吉尔伯特在到达莫斯科后，便停止了他的探险历程。接着，从 1585 年开始，英国人约翰·戴维斯（John Davis）在 3 年时间内，连续 3 次往西北方向航行，企图寻找出一条通往中国的新航路，但也都未获得成功。在 1592 年，由约翰·戴维斯率领的一支船队穿过麦哲伦海峡，曾打算沿北美海岸寻找通往中国的东北航路。但因船的装备欠佳，不得不在中途停止航行。[①]

与此同时，英国人也曾打算从陆路与中国进行直接的联系。1583 年，"英国女王伊丽莎白派商人约翰·纽伯莱（John Newberry）设法从陆路前往中国。纽伯莱携带致莫卧儿皇帝和中国皇帝的书信各一封，与其他两名同伴到达了印度，却在霍尔木兹被葡萄牙人逮捕。纽伯莱等后虽被释放，但终未到达中国"。[②]

① 详见刘鉴唐、张力主编：《中英关系系年要录（公元 13 世纪—1760 年）》第 1 卷，四川社会科学院出版社，1989 年版第 53、56、57、59、65 页。
② 张国刚：《从中西初识到礼仪之争》，人民出版社，2003 年版第 131 页。

在西北和东北方向寻找新航路频频失利、陆路联系又未能如愿建立起来的情况下，英国人便公开在海上与西班牙和葡萄牙人争夺对东方航路的控制权。还在1557年至1580年时，英国海军军官德雷克（F. Drake）就在英国王室的默许下，率领舰队在海上劫掠葡萄牙人的船只，"他在1577年—1580年间所进行的航行使英国人见识到了，东方的财富和通往东方的海上航程"。[①]而西班牙和葡萄牙在1580年的合并，"又直接导致在1594年将英国和荷兰排除在里斯本的香料市场之外，结果使得葡萄牙人的东方殖民帝国遭到荷兰和英国海盗的频频袭击"。[②]由于葡萄牙人没有足够的实力与两个蒸蒸日上的海上强国相抗衡，结果英、荷便利用和控制了经好望角到香料群岛，继而前往中国和东亚的航道。英国与中国沿海地区的贸易随之出现并逐步兴盛起来，"到1620年为止，英国与东方的贸易迅速增长。在1601—1624年，出口到东方的货物和金

德雷克

靛蓝

---

① Earl H. Pritchard, *Anglo-Chinese Relations during the Seventeenth and Eighteenth Centuries*, Urbara, 1930, p.45.
② Ibid.

银条总值达 110 万英镑，总航次达 107 船次。（同时）从东方进口的商品总值至少达 326 万英镑。进口的大宗物品是香料，包括胡椒、丁香、肉豆蔻、靛蓝以及生丝等。而从英国出口的货物主要是铁、锡、铅、羊毛制品以及金银条等，其中金银条占了很大的比重"。①

丝绸连衣裙

---

① Earl H. Pritchard, *Anglo-Chinese Relations during the Seventeenth and Eighteenth Centuries*, Urbara, 1930, p.45.

随着海上贸易的发展，以及旅华耶稣会士对中国的介绍，从 16 世纪末开始，中英之间有了进一步的接触和了解。这在当时英国的一些文学、地理和有关自然科学的作品中都有所反映。1589 年，英国的理查·帕特那姆（Richard Puttenham）出版了一本《诗意论》。在这本书中，他根据一位曾经到过中国的意大利人的介绍，对中国的诗词艺术做了一番评述。帕特那姆认为，中国人写诗有巧思，不注重冗长的描写，而是把诗情纳入韵律之中，并排列成方阵和其他的形式。同时，在英国著名哲学家弗朗西斯·培根（Francis Bacon）的书中，也多次提到中国。他介绍说：中国的文字不使用字母来拼写，而是直接表达事物和概念；中国人重银轻金；使用火炮的历史已经有两千多年；等等。此外，17 世纪英国著名作家弥尔顿（John Milton），在其不朽的作品《失乐园》的第三章中，把被上帝击败的撒旦比作一只大雕。这只大雕从喜马拉雅山飞过，前往印度去觅食，但途中却落在了中国，看到那儿的中国人推着轻便的竹车，靠着帆和风力前进。[1] 弥尔顿此处对帆车所做的

弥尔顿

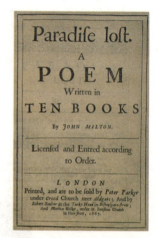

1667 年伦敦出版的《失乐园》

---

[1] 周一良主编：《中外文化交流史》，河南人民出版社，1987 年版第 589～591 页。

描述，是西方知识界对中国这种特有的交通工具的最早介绍，曾经引起英国人的浓厚兴趣。当代著名的科学史学专家李约瑟博士在《中国科学技术史》第四卷第二章中，就对帆车和西方人对帆车的兴趣进行了较为详尽的描述。

1965 年 3 月，李约瑟博士在剑桥大学

哈克卢特和他的《航海全书》

　　不过，在 17 世纪上半叶，真正使英国人对中国有全面了解的学者，要首推英国的地理学家哈克卢特（Richard Hakluyt）以及他所编辑出版的《英国航海、旅行和地理发现全书》（简称《航海全书》）。1592 年，英国的舰队在亚速尔群岛虏获了一艘名为"圣母"号的葡萄牙商船，除得到大量的东方珍奇之物外，还意外地得到了一本于 1590 年在澳门出版的、用拉丁文写成的关于东方国家包括中国的书。此书后被人转送给哈克卢特。哈氏如获至宝，认为这是到那时为止所发现的、有关介绍中国的最准确与全面的书："这本书于 1590 年用拉丁文在中国城市澳门出版，用中国纸印刷，是出版两年后在那著名的商船'圣母'号上所截获的。

亚速尔群岛局部

给我看的时候是装在一个香木匣子里，用印度花布包裹了上百层，真像是一件无价之宝。"①

哈克卢特请人把这本书中有关中国的部分摘译出来后，全部纳入他所主编的《英国航海、旅行和地理发现全书》第二版中。该书在 1599 年正式出版，此后在相当长的一段时间内影响了英国人对中国的看法。

在这本《航海全书》中，哈克卢特叙述了中国的疆域及首都。还提到了长城，指出它的作用是为了保卫边疆，抵御来自外族的入侵。他认为中国是一个人口众多的国家，但是他们不是杂乱地散居在田野，而是有秩序地居住在乡镇和城市里。中国男人种稻米，女人养蚕、缫丝。每年春天耕作的季节到来时，皇帝都要出来推一下犁，表示对农业的重视；皇后也要参加摘桑叶的典礼，以示皇室对桑农们的关怀。哈氏还提到中国是一个地大物博的国家，幅员辽阔，物产丰富，有众多的经济作物，包括甘蔗，只是没有橄榄和葡萄。小麦则遍见于各地，但农业仍以稻谷为主。在中国还有许多茂密的森林和可航行的河流，这些河流有许多都是人工开凿出来的运河，起到了很好的交通运输方面的作用。中国也出产香料，其中以肉桂、樟脑和麝香为主，其质量也是非常好的。此外，中国还出产金银，海南还出产珍珠，中国人所出产的棉布与欧洲的麻纱布大致相仿，而在瓷器的生产方面则是全世界最好

---

① E. G. R. Taylor, *Original Writings and Correspondence of the Two Richard Hakluyts*, Vol.I, p.461. 转引自周一良主编《中外文化交流史》，河南人民出版社，1987 年版第 587 页。

中国长城

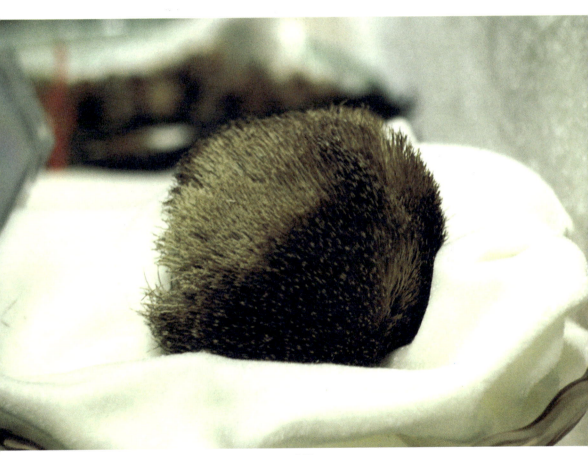

麝香

的。葡萄牙人十分喜爱中国的瓷器，并把它们分为三等，是葡萄牙人进行东西方贸易的大宗物品，每年他们都要把大批的中国瓷器运往日本、印度以及欧洲各地。

《天工开物》里的没水采珠船

在社会风俗和手工艺品等方面，哈克卢特介绍说：中国的居民一贯遵守自己的风俗习惯，但对别人的风俗习惯则不够关注；中国的官员和平民身穿不同的服装，不过都使用着同一种语言；中国的手工业很发达，市镇中都有很多的店铺与众多的工匠，其中也包括画工；他们能使用笔或针，并神妙地将金线织到棉布和亚麻布上；中国人使用火药已有悠久的历史，他们能够用火药制造出各种稀见的礼花。同时，他们还能在木板或金属板上刻字，从而使得这个国家的印刷业很发达，每天都能很快地印出大量的书籍。

在这本书中，哈克卢特特别介绍了中国的教育制度，其叙述要比以往欧洲人的说法准确、全面得多。他提到，中国人十分注重文化修养，孩子从幼年时期起便开始请老师教他们读书。只有那些读书没有多大出息的人，才去学做生意或者从事手工业生产。哈克卢特还比较详尽地叙述了中国的科举考试制度，谈到了如何考秀才、中举人和成为进士，并且说到富有中国文化特色的八股文。他指出，对于那些考秀才和中举人的考生来说，需要以中国古代

明代绘画中所描绘的科举考试（殿试）

经典中的一句话或一个意思为题，按照固定的模式来做论文。只有那些文章写得非常好的人，才有可能通过科举考试，成为秀才、举人或进士。作为一个考生，只要他中了进士，便可以在政府中做官，但还是要学习国家纪律和礼制。哈克卢特认为，在中国的地方和中央机构中，官员的升迁主要靠他们平时的业绩，而不论出身或血统，这为中国的国家太平提供了可靠的保证。

对于中国的皇帝和皇室成员，哈克卢特提到皇帝和皇后除每年都要参与春耕和采桑的一些仪式外，大都不出宫门，但皇帝会每天上朝与大臣见面，处理一些重要的国家大事。大臣见到皇帝要称"万岁"。皇帝按长子继承的方式传承，皇帝的弟兄们不能留在朝廷里，常常是分封到各省去享受俸禄，从而使皇位更加安全，使继承更为顺利和更有保证。而皇帝本人也要谨守法律和风俗习惯，不懈地学习治国之道。在宗教方面，皇帝要敬奉天地祖宗，他常在庄严、华丽的太庙里对着祖宗的牌位祭祀。同时，对国内所有崇奉偶像的宗教都持比较宽容的态度。此外，哈克卢特还指出，孝道在中国社会里具有独特的重要性，它对维护社会稳定起到了独特的作用。[①]

由于得到了一些可靠的资料，所以哈克卢特的这本书对中国政治与文化的特点和风土人情的介绍显然比前人要准确、全面，因而在当时的英国产生了很大的影响，使得整个 17 世纪对中国文化的了解和向往，成了这一百多年里中、英交往的富有特色之处。

---

① 周一良主编：《中外文化交流史》，河南人民出版社，1987 年版第 587～589 页。

北京太庙大殿

波义耳与中国

特别值得一提的是，在 17 世纪的下半叶，中国文化的影响还在科学和技术方面表现了出来。最为引人注目的一个例证，便是英国著名科学家波义耳（R. Boyle）对来自中国的自然科学知识表现出了浓厚的兴趣，尤其是对中国医学和天文学方面的知识更是十分重视。

波义耳是英国皇家学会的创始人之一，在斯图亚特王朝复辟时期，曾在东印度公司任过职。早在 17 世纪 60 年代，他就阅读了卫匡国的《中国新图志》，后来又接触了曾德昭的《大中国志》、卜弥格的《中国植物志》、法国皇家图书馆馆员特维诺的《航海志》和法国耶稣会士罗兹（A. de Rhodes）的一些著作，以及英国原有的一些介绍中国的作品。1671 年，波义耳还"通过荷兰东印度公司得到了一本南明时期的《大明中兴永历二十五年大统历》，1672 年把它送给了牛津大学博得利图书馆。这本带有波义耳签名的历书，现在仍保存在那里"。①

波义耳

在波义耳看来，中国是最为富裕的文明古国。中国的人口众多，富有创造性。长期处于高度的繁荣状态，比其他民族更重视知识分子，因而文化和自然科学都比较发达。所以，他对中国的医学、气象和温度的测量非常感兴趣。而中国人对上天的敬畏、星占学在中国社会生活中的地位与在宫廷中所扮演的重要角色，都是一些令波义耳觉得非常有趣的事情。1687 年 7 至 8 月，波义耳还经由牛津大学阿拉伯语和希伯来语教授、博得利图书馆馆员海德（T. Hyde）的介绍，

波义耳的真空泵

---

① 韩琦：《中国科学技术的西传及其影响》，河北人民出版社，1999 年版第 47 页。

BEATI MORTVI
QVI IN DOMINO MORIVNTVR

斯图亚特王朝最后的墓葬，安东尼卡诺瓦建造

卫匡国

卫匡国著作《中国新图志》封面

卜弥格

卜弥格所著《中国植物志》中的插图

沈福宗

见到了当时在英国的南京人沈福宗。沈是一位天主教徒，1681 年随比利时耶稣会士柏应理离开澳门，1683 年到达荷兰。1684 年 9 月 15 日，柏应理一行到达凡尔赛，受到了路易十四的接见，促成了法国派耶稣会士到中国的计划。1687 年 3 月 7 日，沈福宗随另一位耶稣会士离开巴黎到达伦敦，受到了詹姆士二世的接见，并应海德之约前往牛津大学博得利图书馆编写该馆的中文藏书目录，其中大多数是中国的医书。因此，一个对中国医学深感兴趣的英国科学家与一个在牛津大学编写医书目录的中国人之间所进行的谈话，中国的医学必然会成为谈话的主要内容之一。[1] 遗憾的是，我们目前还未能找到有关波义耳和沈福宗之间谈话的有关档案资料，对他们之间的谈话内容没有完整的了解。但这一事件本身，充分显示了 17 世纪的英国知识分子对中国文化所表现出来的浓厚兴趣，以及渴望深入了解的意愿。

① 韩琦：《中国科学技术的西传及其影响》，河北人民出版社，1999 年版第 46～49 页。

第二章

18世纪中英之间的文化交流

　　进入 18 世纪以后，随着中英之间商业贸易的发展，两国之间的文化交流有了进一步的发展。这主要体现在：茶文化对英国的影响，以及与此相随的对中国瓷器的热衷和仿制；园艺方面的"中国风"使英国园林建设中模仿中式花园成为时尚；《赵氏孤儿》的上演和《世界公民》的出版，使英国人对中国的戏剧和伦理精神有了深切的感受。此外，英国皇家学会与在华耶稣会士之间的联系，也使英国人对当时中国的自然科学状况有了更进一步的了解。

茶文化对英国的指向

　　茶作为我们所熟知的一种植物饮料，是中英之间最早接触的媒介之一。早在公元前 7 世纪左右，中国人就已经知道种植茶树。到秦汉时期，茶叶已在中国各地广泛种植。唐朝初年，茶叶已有大规模的栽植，并经由阿拉伯商人运销海外。大约在南宋时期，中国茶叶开始销往日本和欧洲。从 17 世纪开始，就有欧洲的茶商前往中国的福建，在当地采购茶叶，经海路和陆路运往欧洲。

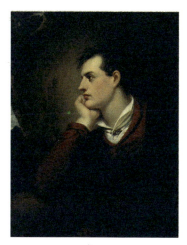

拜伦

　　欧洲人的饮茶之风在 17 世纪初始于荷兰，17 世纪中叶已在伦敦蔚然成风。从 1664 年起，中国的茶叶开始经由英国的东印度公司运入英国。1669 年，东印度公司还首次将中国的茶叶运销于欧洲大陆。中国运往欧洲的茶叶主要是红茶。英国最杰出的浪漫主义诗人拜伦（George Byron），就非常喜欢饮用中国的红茶，留有他期盼借助武夷山香茶的魅力促其婚恋成功的诗篇。[1] 据有关资料统计，"17 世纪末每年运往英国的茶叶大约是 2 万磅。到 18 世纪初，每年竟高达近 2000 万磅，茶已经代替咖啡成了不可缺少的饮料"。[2] 在 18 世纪的 20 至 50 年代里，"茶是中国的主要出口商品。此间尽管关税不断增加，茶叶的销售在英国一直呈上升趋势。尽管茶叶价格在英国已从每磅 4 先令上涨到 12 先令，饮茶在英国却显得越来越普遍了"。[3]

[1]　萨本仁、潘兴明：《二十世纪的中英关系》，上海人民出版社，1996 年版第 6 页。
[2]　E. Gordorl, *Collections of Chinese Porcelain for Export*, London, 1977, pp.49 ～ 50. 转引自萨本仁、潘兴明《二十世纪的中英关系》，第 6 页。
[3]　Earl H. Pritchard, *Anglo-Chinese Relations during the Seventeenth and Eighteenth Centuries*, Urbara, 1930, p.122.

随着饮茶在 18 世纪的英国逐步成为一种流行的社会风尚，中国的瓷制茶具以及其他中国的瓷器也在英国销路日畅。早在唐代中期，中国的瓷器就已通过海陆两路，经西亚运销欧洲。宋代中国名窑的瓷器，更显名贵、高雅，广受欧洲人的欢迎。宋初为加强对外销瓷器的管理，先后在广州、杭州和明州（今宁波）设立了专门的管理机构。元代东西交通便畅之后，西班牙和葡萄牙等国的商人都来中国采购瓷器并销往欧洲。明清之际，中国的制瓷工艺更有新的发展。特别是青花瓷，更是成了这一时期的精品。中国烧制青花瓷最早始于北宋，元代时景德镇就已经能制出非常精良的青花瓷器。到明代永乐、宣德年间，所制的青花瓷更是由于工艺精巧、造型优雅、纹饰逼真别致，成为青花瓷中的极品。明万历年间，葡萄牙、荷兰、法国和俄国的商人纷纷前

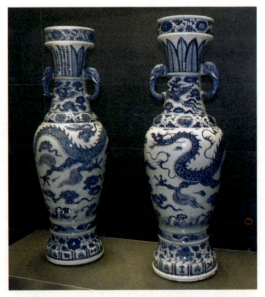

元景德镇窑大维德花瓶，大维德基金会藏，大英博物馆展出

来中国采购瓷器。清康熙十二年（1673），英国人威德尔（Weddell）在广东采购了 53 箱瓷器，这些瓷器后来大多为英国宫廷和贵族所拥有。

随着中国瓷器在欧洲各国备受欢迎，这些国家的工匠也渴望掌握烧制瓷器的工艺。一般均认为，中国的制瓷工艺是在 15 世纪后期，由阿拉伯人经意大利的威尼斯传入欧洲的。1470 年，威尼斯人首次仿制中国瓷器成功，1500 年左右便开始批量生产。此后，荷兰、法国、德国、瑞典和俄国等陆续开设了瓷厂。相对而言，英国试制中国瓷器的时期较晚。直到 18 世纪中期，随着饮茶之风的兴起，英国才开始设立仿制中国瓷器的工厂。1750 年，英国西南部的康瓦尔（Cornwall）发现了优质瓷土。1752 年，英国历史上最悠久的伍斯特（Worcester）瓷厂建立。四年之后，另一个英国著名的瓷厂——罗斯托夫特（Lowestoft）瓷厂建立。这些瓷厂仿制的中国瓷器达到了很高的水准。

1766 年，英格兰中南部的小镇斯特拉福（Strafford）建立了一个瓷厂，瓷工达

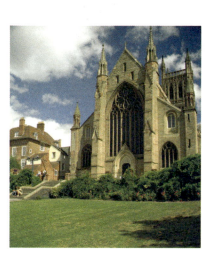

英国伍斯特

普利茅斯

300 多人。该厂的制瓷设备均来自中国的广州，瓷器的形状和纹饰基本上都是仿效中国的瓷器，产品极为精致。1768 年，英国西南部的普利茅斯（Plymouth）也制成了高工艺水准的硬质瓷器。这些瓷器既采用了中国式的彩色纹制，又兼有 18 世纪的欧洲特色，使中英制瓷工艺浑然一体，具有很高的艺术境界。

与此同时，中国也于 17 世纪后期开始制造专供欧洲各国的外销瓷，其中大部分是根据欧洲各国的订货需要专门特制的。1715 年，英国还在广州设立了代理行，向景德镇提供货样。在景德镇制成素坯之后，再运往广州珠江南岸特制的欧洲订货瓷器工场，仿西洋画技法彩绘，开炉烘染，烧制成三彩瓷或五彩瓷，运销英国以及欧洲其他国家。据有关资料显示，18 世纪从事于"广彩"制作的民窑工匠达一两万人之多。不久，中国陶瓷生产的名镇——景德镇也开始制造外销瓷器，称"洋彩"。例如以往中国人和日本人所用的茶具都是无柄的盅盏，为了外销的需要，中国人为英国人特制了有柄的茶杯，并根据外销的需要进行纹饰和彩绘。[①] 由于景德镇陶土质地优良，制造工艺历史悠久，分工细密，再配上西洋画技法彩绘，因此产品工艺水准仍大大领先于英国的仿制瓷器，所以备受英国宫廷和贵族们的珍爱。笔者在爱丁堡的苏格兰博物馆中就曾亲见这些来自景德镇的带有西洋纹饰的中国外销瓷器。将它们与周边展出的欧洲各国的瓷器，包括英国的瓷器稍做比较，

清朝时景德镇的瓷器商号，载于《社会历史博物馆》，河南教育出版社，1995年12月版

---

① 以上内容及相关材料均引自萨本仁、潘兴明：《二十世纪的中英关系》，上海人民出版社，1996年版第4～7页。

就能发现这些外销的中国陶瓷的确技高一筹。它们的存在，堪称中英交往的一个独特的见证。

"中国式"的英国

随着欧洲人对中国的认识日趋明朗与具体，再加上一些在华耶稣会士对中国文化的宣扬，18 世纪的欧洲大陆和英国的一些艺术风格受到了中国文化的很大影响，特别是在工艺美术和园林设计方面。欧洲在 18 世纪产生的所谓中国风，便是这种影响的具体体现。

中国风"是一种从欧洲人眼光中看到的中国风格"。[1] 从 17 世纪起，先是英国和意大利的工匠，然后是其他国家的工匠，开始模仿从中国运去的柜子、瓷器和刺绣品上的装饰花纹和图案。在1670 年—1671 年间，法王路易十四便在凡尔赛宫中建立起了一座具有中国风格的瓷塔，引起欧洲各国宫廷的仿效，使得这些宫廷中至少都有一间"中国风"的客厅。它们往往装饰有法中、英中合璧的墙纸，图案大多为花鸟鱼虫，以及风景人物等。进入 18 世纪后，这种中国风又与欧洲此时兴起的"洛可可"艺术风格结合在一起，形成了一种新的艺术风格。它从中国的彩绘中得到启示，摆脱了西方传统的透视法的束缚，大量采用非对称的设计，吸收和使用东方风格的人物和题材，从而形成一种色调淡雅、纤巧的

---

[1] 周一良主编：《中外文化交流史》，河南人民出版社，1987 年版第 594 页。

格调，飘逸闲适的情趣，以及对远方事物渴求的缥缈意境。[1] 例如
18 世纪英国的风景画家科曾斯（John Robert Cozens）、盖恩斯伯
勒（Thomas　Gainsborough）等人的作品就深受中国画的影响，以
致有些评论家认为他们的作品"潇洒出尘，脱尽凡俗，充分表现
了罗可可精神，在不知不觉中能升入中国古代名画家之堂"。[2]

1648 年的路易十四

---

[1]　周一良主编：《中外文化交流史》，河南人民出版社，1987 年版第
594 ～ 595 页。

[2]　朱杰勤：《中西文化交通史译粹》，河南人民出版社，1987 年版第
154 ～ 156 页，转引自周一良主编《中外文化交流史》，第 595 ～ 596 页。

营造初期的凡尔赛宫

　　然而，在 18 世纪里，所谓的中国风主要体现
在园林设计方面。在路易十四时代，欧洲的园林设
计大多刻意修饰，追求对称，布置单调，法国的凡
尔赛宫便是这种风格的代表。而中国园林大多效仿
自然，融山、湖、草、木为一体，移步换景，错落
有致，使得 18 世纪的欧洲上流社会对中国的园林
十分推崇。在英国最早的一篇赞美中国园林的文章，
是 17 世纪末坦普尔（William Temple）爵士所写的
《论埃皮克鲁园林》一文。其中谈到，"我们的建
筑和园林之美主要靠一定的比例、对称和统一。我
们的园林中树木都相互间隔，排列得整整齐齐，行
间距离都是一成不变的。中国人瞧不上这种方法，
他们说一个会数数的孩子，就能把树一排排地种得
很直，一棵连一棵，要什么距离有什么距离。而他
们最用心的地方，在于把园林布置得极美、极动人，
但一般看不出各部分是怎样糅合到一起的。虽然我
们对这类美毫无所知，可他们有一个专门用来形容
这种美的字眼。如果他们一眼看上去对劲儿，就说
'夏拉瓦机'（错落有致）、好或者绝妙，还有类
似的赞语"。[①] 在 18 世纪上半叶里，英国著名的散
文家艾迪生（Joseph Addison）和著名的诗人波普

艾迪生

---

① 朱杰勤：《中西文化交通史译粹》，转引自周一良主编：《中
外文化交流史》，河南人民出版社，1987 年版第 595～596 页。

（Alexender Pope）就铲平了自家的旧式花园，并按照中国园艺设计的一些方法来建设新的花园。这在当时的英国社会产生了很大的反响，引得英国各界人士群起效仿。

然而，真正将中国的园林艺术介绍到英国的，还是18世纪后期英国著名建筑师威廉·钱伯斯（William Chambers）。他在少年时期曾在一条瑞典东印度公司的商船上任职，到过中国的广州，后来作为皇家建筑师又重游中国。钱伯斯回国后，将在中国的见闻以及他所描绘的一些中国建筑和服装的式样撰写成《论东方的园艺》一书，于1772年出版。在这本书中，钱伯斯除对巧夺天工、匠心独运的中国园林倍加赞赏外，还批评英国式花园"缺少变化，不知取材，且想象力贫乏，以致游客烦闷欲绝"。[1] 钱伯斯作为皇家建筑师，在英国所建造的第一座中国式园林，是他在1750年为肯特公爵（Duke of Kent）设计的丘园（Kew Garden）。园中有湖山亭榭、巧石岩洞、奇花异草，更有钱伯斯所设计的一座高达160英尺、9层8角的佛塔，塔顶四周饰有各色彩釉的80条龙。丘园建成后，不仅在英国，而且在欧洲都产生了

威廉·钱伯斯

伦敦丘园里的中式塔

---

① 利奇温：《十八世纪中国与欧洲文化的接触》，商务印书馆，1991年版第102页。

很大的影响。荷兰、德国和法国等也都先后仿效丘园，建起这种具有浓厚中国风格的园林。以致有人担心，欧洲人群起仿造这种中国式园林，是否会忘记他们原有的技艺和巧思。[①]

有趣的是，在 18 世纪初，正处在盛世的清王朝虽依然有着唯我独尊的气势，对来自欧洲（包括英国）的物产大都持不屑一顾之态，然而，却对欧洲的宫廷建筑表现出浓厚的兴趣。康乾时期，由意大利人郎世宁设计，法国耶稣会士王致诚、蒋友仁协助建造的圆明园内长春园的西洋楼，从建筑风格及门窗回廊、雕饰纹样和壁炉壁柱的设计来看，都具有浓厚的欧式风格。特别是楼前的大水法，堪称中式园林中欧式建筑的精品。[②]这表明在 18 世纪初，中国也对欧洲文化的某些方面表现出了浓厚的兴趣。

《赵氏孤儿》和《世界公民》

在 18 世纪的英国，除了中国风格的花园盛行一时之外，人们对中国的文学和社会状况也有了进一步的了解。特别是戏剧《赵氏孤儿》的上演和《世界公民》一书的出版，使英国人对中国的文化和社会有了更为充分的认识。

戏剧在英国是从 14 至 15 世纪开始出现并流行于城乡的。最初大多以宗教内容为主，后来便以描绘和反映市井生活为主要内容，并逐渐成为英国人日常生活中最为喜爱和最有影响的艺术形

①　萨本仁、潘兴明：《二十世纪的中英关系》，上海人民出版社，1996 年版第 8～9 页。

②　同上，第 9～10 页。

式之一。18 世纪以前，尽管英国已对中国有了一定程度的了解，但从宫廷贵族到普通民众，从未在英国看到反映中国内容的戏剧。《赵氏孤儿》是有关中国题材的戏剧第一次在英国上演，因而在中英文化交流史上具有重要的地位。它使英国人首次以直观的、民众喜闻乐见的形式领略到了中国文化的魅力，扩大与加深了中国文化在英国的影响。

《赵氏孤儿》剧本是从法国引进的。1735 年，法国旅华耶稣会士杜赫德编著了一本在当时很有影响的《中华帝国全志》。其中便包括《赵氏孤儿》的法文译文，译者是马若瑟。他曾在中国生活了 38 年，熟悉汉语和中国的理学。尽管他并未将《赵氏孤儿》全剧译出，但基本上保持了原剧的风貌。大约在 1741 年左右，随着《中华帝国全志》被译成英文，《赵氏孤儿》先后在英国出现了两个英文译本。当时法国人，包括杜赫德在内，对这部来自中国的戏剧评价并不高，认为它没有遵循古典主义的戏剧原则，"违背了希腊悲剧不在舞台上表现令人不快的情景的规律，对中国戏里的人物上场就自报家门也提出了异议。此外，对中国戏剧的有白有唱也觉得奇怪"。①

然而，英国人对此的看法与法国人不同，其中最有代表性的观点来自英国的学者理查德·赫德（Ricbard Hurd）。他指出，不能简单地认为这部来自中国的戏剧在哪些方面违背了古典主义的戏剧原则，而是应该看到它在哪些方面与古典的希腊悲剧有相联之处，因为"中国是一个遥远的国家，和别的国家没有什么来往，

---

① 周一良主编：《中外文化交流史》，河南人民出版社，1987 年版第 602 页。

所以戏剧创作的观念不可能是从外面借来的，而只能是自己找到的。如果它和欧洲戏剧有相似的地方，那么就说明共同的原理、原则可以产生写作方法上的相似。而所谓共同的原理、原则，就是开始于亚里士多德的'模仿说'。认为凡是模仿自然成功的作品，在写作方法上必然有相似或一致之处"。[1] 由此可见，英国人对《赵氏孤儿》这出戏的评价还是要相对宽容些。

亚里士多德雕像

---

① 周一良主编：《中外文化交流史》，河南人民出版社，1987 年版第 602 页。

1755 年, 伏尔泰根据马若瑟的译本, 将《赵氏孤儿》搬上了巴黎的舞台。有趣的是, 伏尔泰对《赵氏孤儿》的背景做了较大的修改。这个故事不再发生于中国春秋时期的晋国, 而是发生在 13 世纪成吉思汗统治的蒙古, 一些剧中人物的名字也随之发生了变化。由于伏尔泰当时在法国的地位和影响, 《赵氏孤儿》在巴黎上演后, 引起了广泛的关注。其法文译本便传到了英国。1579 年, 演员出身的英国剧作家亚瑟·墨菲 (Arthur Murphy) 又在伏尔泰改写的基础上, 完成了英语的脚本, 并于当年在伦敦上演。其主要角色由英国颇负盛名的演员加立克 (David Garrick) 扮演, 服装和布景都极富中国特色。该剧上演之后, 引起了很大反响, 一连上演几场, 观众仍然意犹未尽。可见, 《赵氏孤儿》在伦敦的演出是颇为成功的。①

伏尔泰

《世界公民》以书信体写成, 作者为哥尔斯密 (Oliver Goldsmith), 共有 123 封信函, 于 1763 年结集出版。其主要内容为: 一个懂英语并生活在伦敦的中国哲学家李安济 (Lieh

---

① 详见范存忠:《〈赵氏孤儿〉杂剧在启蒙时期的英国》,《英国语言文学论集》, 南京大学学报编辑部, 1979 年, 第 176 ～ 218 页。

Chi Altangi）在他写给北京礼部官员和他流放在波斯的儿子的信中，所谈到的对英国社会、风俗习惯和政治现状等方面的看法，同时也包括对中国社会的伦理道德思想的一些介绍和评述。由于这些评述和介绍与当时的同类作品相比显得更为深刻全面，因此在《世界公民》问世后，在英国产生了较大的社会反响。这表明人们已不再像以前那样只是简单地接受和了解一些中国的文化和哲学思想，而是要利用这些不同的伦理准则和道德标准来评价英国的社会状况，也意味着中英文化的交往达到了一个新的水准。

哥尔斯密在写作《世界公民》时，运用了许多拉丁文译本的中国资料，如拉丁文的《大学》《中庸》《论语》《中国现状新志》等，以及杜赫德所编的那本著名的《中华帝国全志》。这些资料大多是二手甚至三手资料，所以哥尔斯密所写的信函中对中国社会伦理等方面的介绍有偏颇与失实之处。尽管如此，它对某些儒家和道家思想的介绍还是比较贴切的。

在《世界公民》这本书中，哥尔斯密借李安济之口，谈到了许多中国的风俗习惯、文化娱乐、园林设计等。并特别称赞了中国的政治制度与伦理道德，认为中国是一个历史悠久、文化传承完整发达的国家，是一个由开明君主统治的国家，兼有合乎理智的制度和法律，而不像当时的欧洲那样宗教冲突激烈、战事连绵不断。所以他感慨地说："基督徒都号称爱好和平，但总是在打仗，这是毫无意义的。"[1] 同时在李安济看来，英国的选举也很不完善，一有选举，人们就大吃大喝，醉了就打架；选举大厅类似剧场，

---

① 周一良主编：《中外文化交流史》，河南人民出版社，1987年版第606页。

什么激情都赤裸裸地暴露。对当时备受称颂的英国法律和司法制度，李安济也不以为然。他认为法律条文过于烦琐，穷人无法了解和掌握这些条文，因而在诉讼过程中，败诉的经常是这些人。

此外，哥尔斯密又以李安济的名义对英国教会进行了辛辣的讽刺。他认为英国当时的教派繁多，教士们开宗立派的目的不是为了拯救人的精神，而是为了赚钱；职位较高的教士们常借巡视教区的机会大吃大喝，酒足饭饱之余很少谈宗教事务。有意思的是，哥尔斯密对当时英国社会生活中出现的中国热也持批评的态度。他在其中一封信中写到，某一位"高贵的夫人"拥有 20 多件从中国带来的东西，到处炫耀，但实际上这些东西没有一点实用价值。她甚至不顾礼貌，在大街上拦住李安济，要他表演如何使用筷子，并说几句中国话让她长长见识。[1] 他的这些描述从一个侧面显示，在《世界公民》出版之际，人们已开始对英国上层社会过于热衷中国文化产生了反感。

中国与英国皇家学会的联系

在 18 世纪，英国对中国自然科学方面的了解，是与英国皇家学会同在华耶稣会士的联系密切相关的，其中又有三位皇家学会的秘书长在其间发挥了重要的作用，他们是斯隆（H. Slone）、莫蒂默（C. Mottimer）和伯奇（T. Birch）。斯隆在英国皇家学会服务长达 51 年（1690—1741），其间担任秘书长 9 年。1727 年，牛

---

① 周一良主编：《中外文化交流史》，河南人民出版社，1987 年版第 606 页。

位于伦敦的皇家学会会所

顿去世之后，斯隆接任了皇家学会主席之职。斯隆在皇家学会服务期间，收集了大量的书籍，与各国从事自然科学的人士频频沟通，为推动英国皇家学会在 18 世纪的发展，做了大量富有成效的工作。

莫蒂默曾是斯隆的助手，从 1730 年起担任英国皇家学会秘书长一职，并且负责皇家学会的会刊《哲学汇刊》的编辑工作，直到 1751 年把这项工作转交给理事会特设的一个委员会。从 18 世纪 30 年代起，他就与在华耶稣会士以书信的形式保持着密切的联系。1746 年 2 月，莫蒂默给在北京的耶稣会士科学家写信，寄去了《哲学汇刊》，并希望北京的耶稣会士能够与英国皇家学会保持通信联系。1748 年 11 月 9 日，在华耶稣会士宋君荣给他回了信，把皇家学会交给耶稣会士进行天文观测的任务看作一种极高的荣誉。1749 年，另一位在华耶稣会士刘松龄收到莫蒂默寄去的《哲学汇刊》后，不仅在 1750 年 9 月 18 日给莫蒂默写了回信，还送去了中国出版的《中文对数表》，以及根据牛顿原理编写的《日躔月离表》，并且告诉莫蒂默，中国的乾隆皇帝已任命一位在华耶稣会士傅作霖测绘中国西北地区地图，还答应在此图绘成后会赠送一个副本给英国皇家学会。此外，刘松龄还提出由于他在北京南堂所设观象台的天文仪器不够精确，希望英国皇家学会赠送给他一台英国制造的测微计。

1751 年，伯奇接替莫蒂默成为英国皇家学会的秘书长。伯奇是斯隆的朋友，又是大英博物馆最初的理事之一。他上任后同样和在华耶稣会士们保持着密切的联系，并继续落实莫蒂默对他们所做的一些承诺，向他们赠送《哲学汇刊》，为他们寻求带有测微计的天文望远镜等。可以这样讲，在 18 世纪里，这几位皇家学会秘书长在沟通与保持同在华耶稣会士的关系方面，发挥了他人难以替代的作用。①

由于这几位皇家学会秘书长的努力，在华耶稣会士们有关中国自然科学方面的一些文章在《哲学汇刊》上得以发表。据统计，在 1666 年间，大约有 34 篇关于中国自然科学的文章发表，这些文章大都是天文学方面的报告。戴世贤、刘松龄、徐茂盛、宋君荣、鲍友管等在华耶稣会士在中国所做的一些天文观察报告，经过整理之后，常常发表于《哲学汇刊》。这不仅为绘制地图、确定经度、计算日月食和木卫的轨道等提供了较为精确的数字，也使欧洲科学界对中国自然科学方面的状况有了一定程度的了解。②

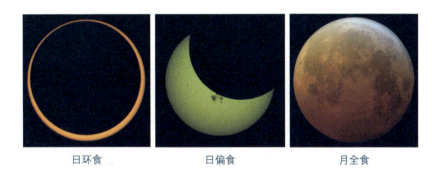

日环食　　　　　　　　　日偏食　　　　　　　　　月全食

① 韩琦：《中国科学技术的西传及其影响》，河北人民出版社，1999 年版第 49、50、52 页。
② 《中国科学技术的西传及其影响》，第 55 ～ 56 页。

伽利略卫星，从左至右，与木星距离由近至远为：木卫一、木卫二、木卫三、木卫四

　　为了进一步发挥在华耶稣会士在沟通中英文化交往方面的作用，英国皇家学会还特地致函宋君荣、刘松龄和汤执中三人，诚邀他们成为英国皇家学会的外国会员。宋君荣对中国的天文学史做过大量的研究，在法国学术界产生了积极的影响，并直接影响到了法国天文学家拉普拉斯关于黄赤交角的研究；刘松龄也是一位勤奋的耶稣会士、天文学家，他在中国所做的许多天文观测，大都于 18 世纪 60 年代发表在英国的《哲学汇刊》和欧洲的其他科学杂志上，对欧洲的天文学研究产生了直接的影响；汤执中则是一位植物学家，他在中国进行了大量的植物考察，并把许多中国植物的样本和种子寄给英国皇家学会、法国皇家科学院等科研机构进行分析研究，这对推动欧洲植物学的研究有着很大的作用。[①]英国皇家学会聘请这三位有成就的在华耶稣会士担任学会的外籍会员，不能仅仅看成是对他们科研成果的接受和赞赏，这也从一个侧面反映出 18 世纪中国的自然科学在世界科技发展史上的地位

---

① 韩琦：《中国科学技术的西传及其影响》，河北人民出版社，1999 年版第 56 页。

和影响。

除了这些耶稣会士以外，还有一些英国皇家学会的会员亲自来到中国进行植物考察、气象观察等方面的工作。其中较有影响的两位是坎宁安（J. Cunningham）和霍奇森（Hodgson）。坎宁安曾作为英国船队的医生来到中国的舟山，在此生活与工作多年。其间，他对中国舟山地区的植物状况进行了较为全面的考察，收集了许多植物的种子和样本，并就此写成了报告寄送给当时的英国皇家学会秘书长斯隆，后来这些报告相继刊载于《哲学汇刊》。霍奇森是受英国皇家学会的委派，于18世纪30年代来到中国的广州，从事有关天文学方面的科学活动。据有关资料记载，当时在华意大利传教士德理格和在北京担任钦天监监正的耶稣会士鲍友管都曾与霍奇森有通信联系，并给他寄去了一些有价值的天文观察记录，要求霍奇森定期给他们寄去《哲学汇刊》和一些新出版的天文学成果。[1] 由此可见，这些英国皇家学会的会员在促进18世纪中英自然科学的交往方面起到直接的沟通作用。

德理格

---

① 英国皇家学会图书馆，档案编号 L & P.I.153，转引自韩琦：《中国科学技术的西传及其影响》，河北人民出版社，1999年版第57页。

第三章
18世纪中期英国人
对中国的负面评价

　　18世纪50年代前后，中英交往过程中开始出现了一个新的现象，这就是随着与中国文化、商贸交往的日益增多，以及英国国内政治与经济状况的显著变化，英国人不再像以前那样对中国文化和器物表现出过分的推崇，而是开始有褒有贬，且贬多于褒。特别是英国的一些船只先后到达中国的港口，在他们与中国官民的直接接触中，对中国的看法发生了很大的变化。此后，对中国的负面评价在18世纪后期的英国社会明显占据了上风。

英国对中国看法的改变

　　英国人对中国的负面评价最初是在一些文学作品与刊物中反映出来的。例如，当时英国著名的作家笛福在他所写的《鲁滨孙漂流记》第二部中，对中国肯定的事物只剩下了长城和瓷器。他认为："中国的建筑、制造业、贸易都无可观，特别是军队不行。他说北京是个建设得很糟糕的城市，并说中国人向称勤劳兴旺，其实裸体的美洲土人比他们还要幸福一些。因为中国人对自己的智慧非常自傲，所以使人们对他们估计过高。中国人的宗教集中表现在孔子的训诫中，顶多也不过是'精致的异教'，而中国政府是绝对的暴君制度。"[1] 而英国另一位18世纪的著名学者约翰逊（S. Johnson）博士也在一篇评述杜赫德《中华帝国全志》的文章中谈道："我们可以从欧洲君主们的行为上来判断，孔子提出的道德标准从未付诸实践。"他和笛福一样，认为中国最出色的就是长城和瓷器。他虽然承认中国人能制造优质瓷器是一个明显的长处，但中国人使用方块字，而不能像其他民族那样发展出一套字母体系，却是一种落后的表现。他认为，说中国人伟大聪明，也只是把中国和其周边国家相比较后得出的结论。所以，他明确表示自己不愿意苟同于那些对中国的学问、政治和艺术称誉过当的人。[2]

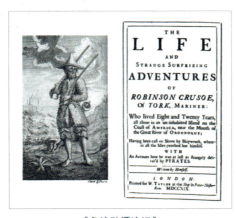

《鲁滨孙漂流记》

笛福

---

① 周一良主编：《中外文化交流史》，河南人民出版社，1987年版第598页。
② 同上，第599页。

此后，18 世纪英国著名的哲学家休谟和经济学家亚当·斯密在各自的论著中都谈到了对中国的负面看法。休谟在一篇名为《艺术与科学的兴起与发展》的文章中，就认为"在中国好像有不错的文化科学基础，经过这几百年，本当发展得比当前更加高明、完整。但中国是一个庞大的帝国，说同一种语言、服从统一的法律、遵循同一的风俗，这就使任何一位宗师的权威，例如孔夫子的权威，可以很容易地从帝国的一头传布到另一头。谁也没有勇气去反对舆论的潮流，后人也没有胆量去怀疑祖宗的传统。这看来像是在这强大的帝国中科学发展如此缓慢的原因了"。[①]
亚当·斯密在著名的《国富论》中也谈到"中国下层阶级的贫穷甚于欧洲任何国家"。他赞同不少目击者的报告中所提到的观点，认为中国劳动力的工资很低，劳动者难以养家糊口、维持生计。又指出中国虽然人力、物力资源丰富，但经济几乎一直停滞不前，没有发展的迹象。这主要是因为中国不注意进行对外贸易。[②]

休谟

亚当·斯密

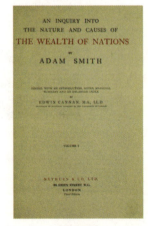

《国富论》

---

① 详见钱锺书：《18 世纪英国文学中的中国》（*China in the English Literature of Eighteenth Century* Ⅱ），转引自周一良主编：《中外文化交流史》，河南人民出版社，1987 年版第 600 页。
② 周一良主编：《中外文化交流史》，河南人民出版社，1987 年版第 600 页。

在英国的一些杂志中，也从 18 世纪中期开始，不断出现一些批评中国文化的文章：有人认为 18 世纪开始风行于英国以至欧洲的中国式的园林设计是"可笑的"；有人批评中国画的透视与阴阳都不合规矩，颜色鲜艳但不讲深浅，并号召艺术界联合起来反对中国风的流行；也有人承认中国人的道德水准可能要比欧洲人高一些，但欧洲人的科学水准却是中国人所不能企及的；还有人直接批评法国哲人伏尔泰和耶稣会士们，认为他们对中国的称赞有些过分，其实中国人的道德水准并没有他们所说的那样高，中国的历史也不够真实，特别是它还没有一套字母体系，很难说它的文化是如何发达。[①]

安森和他的《环球航行记》

然而，就所有这些对中国的负面评价而言，在 18 世纪中期英国最有影响的一本书，是由安森（George Anson）等人所写的《环球航行记》（*A Voyage Round the World*）。安森是一位英国海军军官，于 1739 年秋受命率领一支舰队越过大西洋去袭击西班牙在西印度的重要基地，以切断西班牙的主要财政来源。但由于一些耽搁，直到 1740 年 9 月才从英国起航。10 月，安森在海上击溃一支西班牙舰队后，便没有遇到什么有力的军事对峙。然而，长期的海上航行所引发的坏血病（维生素 C 缺乏病），却使安森的舰队受到

---

① 周一良主编：《中外文化交流史》，河南人民出版社，1987 年版第 598 ～ 599 页。

了重大打击。许多船员染病身亡，出发时的六艘战舰中一艘沉没、两艘返航，依靠仅存的三艘舰只，安森已难以按原计划完成对西属拉美的重要港口和基地进行攻击的使命。于是，安森决定前往墨西哥沿海劫夺来自马尼拉的西班牙大帆船。

但就在安森的舰队赶到墨西哥的阿卡普尔科以后，发现已错过贸易季节，舰队几乎没有什么收获。这使得安森干脆命令他的舰队跨越太平洋，袭击西班牙人控制多年的太平洋航线，以及西班牙人在太平洋上的重要基地马尼拉，然后前往中国的澳门进行休整，经印度洋航线回国。由于西班牙人在太平洋上长年疏于防备，安森的舰队没有消耗多少军事实力便获得了许多战利品，但坏血病再次打击了安森的舰队。1742 年 11 月，当安森抵达澳门时，只

阿卡普尔科海滩

剩下自己的一艘旗舰及210名船员。

安森的舰队在中国的澳门和广州休整了一年多时间，其间曾出航袭击西班牙人在菲律宾的基地。1743年，安森押着一艘他从菲律宾截获的西班牙大帆船以及大量在太平洋航线上掠夺的战利品，从澳门起航沿印度洋航线回国。1744年6月，安森和他的舰队抵达英国。此时，当年出发之际的1500多名船员生还者只有145人，死于战争者仅4人，其余1300多人均死于疾病。[①]

安森回到英国后，受到英雄般的接待。他不仅晋升为英国海军准将，还被英王封为男爵。直到1762年去世，一直享有很高的荣誉。在此期间，安森及其助手们把舰队在1740年—1744年间环绕世界航程中的所见所闻写成了《环球航行记》，于1748年5月在英国出版。在书的第三部分五个章节中，安森特别谈到他在中国一年多的经历以及他对澳门中国官民和中国文化的感受。各章的标题分别为：第六章，从提尼安（Tinian）到澳门（第167～175页）；第七章，在澳门的见闻（第176～194页）；第八章，从澳门前往菲律宾并重返澳门（第194～211页）；第九章，在珠江口处理公务（第212～229页）；第十章，在广州的见闻与返回英国（第230～256页）。[②]《环球航行记》出版后，立即产生了很大的反响。到1748年底，此书即推出了4个版本。截至1776年，英国已有不下15个版本。此外，伦敦的报纸和期刊也经常连载它

---

① 张国刚：《从中西初识到礼仪之争》，人民出版社，2003年版第173页。
② 见爱丁堡大学特藏室所藏的1812年版的 *A Voyage Round the World*：*in the Years*，*1740—1744*。

的梗概，各种译本也相继问世。1749 年底，出了法文版、荷兰文版，1756 年又出了意大利文版。①《环球航行记》之所以在 18 世纪中期的英国以及欧洲产生如此强大的影响，除像作者所认为的那样，"一则它是海上探险的经典故事，再则是为英国在封闭的西班牙海外帝国所进行的扩张提供了合乎逻辑的辩解"；② 此外，还有另一个重要因素，那就是安森在这本书中所谈到的对中国地方官员、普通百姓以及中国文化的看法，在很大程度上动摇了从 17 世纪以来有关中国的正面形象。因为这些见闻都是来自安森的亲身经历，比在华耶稣会士们的间接传播似乎更有说服力，所以有人认为"此书是对法国耶稣会士推出的美好中国形象的第一次全面攻击"。③

《环球航行记》的主要内容

安森的《环球航行记》有关中国章节的主要内容如下：

1742 年 11 月，当安森的舰队抵达澳门时，曾有着兴奋和期待。他们都认为"在经过长达两年的令人疲倦不堪的航行后，我们将要到达一个文明国家的友好港口。那儿将有方便的生活，有专为海上航行服务的商店，这些都是我们迫切需要的。在那儿，我们还可以收到家人和朋友的来信，这对我们来说是最大的满足；那

---

① 见爱丁堡大学特藏室所藏的 1812 年版的 *A Voyage Round the World：in the Years，1740—1744*。
② 张国刚：《从中西初识到礼仪之争》，人民出版社，2003 年版第 172 页。
③ Mackerras，*Western Images of China*，New York，1991，p.43. 转引自张国刚：《从中英初识到礼仪之争》，第 172 页。

儿我们还能遇到从英国来到此地的同胞，他们将回答我们无数有关公事和私事方面的问题……"[①] 因此，在舰队停泊于澳门之后，鉴于船只和人员都急需补给和休整，安森随即向中国官员提出申请，希望能够获准雇人修船并购买所需要的物品，但却没有得到中国地方政府的及时回复。[②] 不仅如此，安森还被严格禁止购买任何货物或雇请中国人来为其修复受到破损的船只。这是安森第一次与中国地方政府打交道，并因此留下了中国官员办事拖沓的印象。

等到船只修复完毕、给养得到补充之后，安森便率领舰队离开澳门，前往菲律宾去袭击每年 6 月自墨西哥来马尼拉进行贸易的西班牙大帆船，大有所获。于是，他押着一艘劫持来的西班牙大帆船，于 7 月 14 日又返回中国，驶入广州河口，以便继续补充给养，妥善安置在太平洋上截获的战利品，并躲避即将到来的飓风而等待季风。其间，安森又与中国官员发生了多次争执。一是按中国大清朝的规定，凡是驶入中国皇帝港口的船只都必须向中国皇帝缴税。但安森一再强调自己的船只是英国皇家的战舰而不是商船，随行的西班牙大帆船只是他们的战利品，不从事贸易活动，

---

① 爱丁堡大学特藏室所藏的 1812 年版的 *A Voyage Round the World: in the Years, 1740—1744*，第 175 页。

② 笔者在爱丁堡大学图书馆，特藏室所找到的这本 *A Voyage Round the World: in the Years, 1740—1744*，是 1812 年的版本，由 J.Ruthven 和他的儿子为爱丁堡的 J.Ogle 和格拉斯哥的 M.Ogle 所印刷。但因该书已经很旧，不能复印，只能在特藏室内用铅笔抄写。由于没有足够多的时间从事这项工作，以致影响到直接利用该书的材料。所以，以下所用材料均引自张国刚教授所著：《从中西初识到礼仪之争》一书的第 174～179 页，不再另做注释。

应该享有免税权。二是安森曾得到中国地方官员的承诺，说他到了广州后便有人帮助他准备远航所需要的海上物资，但安森在广州河口等到 9 月底，发现中国人似乎把这件事给忘记了。三是当安森于 7 月 14 日驶入广州河口时，便想立即进入广州港，并面见广州总督。但广州总督派人告诉他先将船只驶入指定的位置等候，等 9 月天气转凉之后再接见他。

然而，安森一直等到 9 月底，也没有得到广州总督任何召见的消息。这使安森感到十分恼火，于是他直接率领船只离开指定的泊位，于 10 月 13 日强行进入广州城。在此他一边等待总督的接见，一边亲自督促中国商人为其准备海上补给品。此间广州总督也一直没有见他。直到 11 月 24 日，当这些海上补给品备齐之后，由于没有官方的许可证，这些货物还不能运送上船。为此安森只得又派人送信要求与总督会见。正巧第二天广州城失火，安森率领船员为扑灭这场大火发挥了作用，于是总督才同意在 11 月 30 日接见安森。也许是因为安森等人灭火有功，所以总督非但没有责备他未经许可便闯入广州城，并答应了安森的免税要求，立即颁发了货运许可证。此外，还对一艘被偷盗的英国东印度公司的商船做出赔偿的承诺。12 月上旬，安森的船队在得到足够的补给品后又重新驶回澳门进行修整，并做来年返航的准备。

《环球航行记》还谈到另外两件事，使安森得出中国官员欺软怕硬、徇私枉法的结论。当安森的船只第一次停泊澳门时，曾有一个生病的军官乘小船上岸进行身体锻炼。第一天里没有发生任何事情，但在第二天里，这位军官遭到殴打和抢劫。安森当即

将此事诉交地方官，却没有得到任何回复。后来碰巧在一群前来
出售物品的中国人中发现了首犯，安森便将其扣留。此时地方官
才出面与其交涉，并官派十足地要求安森立即释放被扣押者。但
安森不仅未理睬这些地方官的要求，还威胁说要下令将这位打人
与抢劫者马上处死。这才使得那些地方官员很快转变态度，反而
卑躬屈膝地恳求安森放人，还许诺可为此交上一大笔赎金。安森
没有收这笔赎金，只是提出归还所有被抢去的东西他才放人。但
由此安森得出了这样一种看法，即当初的殴打与抢劫事件得到了
这些地方官员的默许，而且他们还参与了分赃。只是怕事情闹到
广州府，拿问他们的渎职之罪，因此才会如此哀求，以达到息事
宁人的目的。

　　这件事发生后不久，安森座舰的船尾有一根桅杆丢失，怎么
也找不到下落，于是许以重金悬赏。结果很快便有地方官员告诉
他，说有人找到了这根桅杆。安森派人在指定地点取回桅杆并如
约付给酬金。为了答谢这位地方官员的指引之劳，安森便托一个
为安森服务的中国人带一笔钱给他，但这位中国人却将钱私自吞
没。后来，另一位没有收到酬谢的地方官员借口参观船桅而登船，
言谈中问起安森有没有再次丢失船桅，心知其意的安森便问这位
地方官员是否从某人那里收到酬谢。在得知没有之后，安森答应
再付一笔，地方官则回答不必。第二天，安森便得知那位中国人
被抢劫，他在为安森服务期间所赚取的不下两千元被洗劫一空，
还被狠狠打了一顿板子，而他私自吞没的酬劳不到 50 元。这件事
被安森看成是官贼之间因分赃不均而引起分裂的例证。

通过与中国地方官员直接与间接的交往，安森对他们的看法是：中国的地方官员腐败成性，中国的法官诡计多端且贪赃枉法。中国官员不是运用法律的权威去遏制犯罪，而是通过盘剥那些触犯法律的人以求中饱私囊。因为一方面中国人非常爱钱，巨大利润的诱人前景经常诱使庶民犯罪；另一方面死刑在中国并不多，执法人员更愿意利用中国人天生的懦弱以恐吓手段为辅助而获得罚金。他们的这种手段获取的利益不可小觑，为此中国的官员们极其乐于严格执行各种禁令。而在这样一个政府的统治下，各种禁令正是受人欢迎的制度。

在与中国的普通百姓打交道的过程中，安森对中国人的看法也与耶稣会士们大相径庭。在许多耶稣会士的笔下，中国人具有许多美好品质，并被他们当成楷模而要求其他民族效仿。然而，安森却认为，中国人的性格中给他印象最深刻的便是逐利、欺诈和自私。甚至说在诡计、谎言以及一切与获取利益相关的手段方面，多数中国人难以被其他任何人所赶超。当这方面的"才智"结合起来运用于某一特定事件时，其方式经常让外国人目瞪口呆。据安森说，他于中国澳门和广州逗留期间，就遇到过许多中国人针对他们的作假和欺诈行为。例如，在他们向安森出售补给品时，中国人为增加分量所采取的一些手段让英国人匪夷所思。他们常常给活的鸡鸭填塞石块和沙砾，给猪肉注水，或者喂活猪吃盐以迫使它们因口渴而大量饮水。由于他们知道欧洲人不吃自然死亡的禽兽，便做些手脚使安森买上船只的禽兽很快死亡。当船员们把这些死去的禽兽扔下船时，早已等候在船边的中国人便从海里捞起，再次出售获利。因为中国人并不避讳吃死去的禽兽。总之，在安森眼里，耶稣会士们对中国人性格的赞誉全都成为骗人的空话。

不仅如此，安森还就为什么中国人会有如此的性格而谈到自己的看法，他认为："的确，中国人自命比其周边民族有更文雅的道德并非没有根据。但他们的道德不在于诚实和仁慈，而仅在于举止有度，以及他们一贯压制所有的激情和暴力的征服。值得注意的是，伪善与欺诈对人类普遍利益的伤害往往并不小于鲁莽和粗暴所造成的伤害。因为鲁莽和粗暴尽管还常容易被归为不谨慎，却并不排斥忠诚、仁慈和果断，也不排斥其他许多值得赞扬的品质。而且如果将这一问题追究到底，可能会发现，令中国人如此自视甚高并且认为使他们超出其他所有民族的冷静与耐心，事实上正是他们性格中最令人反感部分的根源所在。因为那些致力于研究人性的人经常观察到，在抑止粗野和狂暴激情的同时，很难不导致自私性格的膨胀。所以，中国人的懦弱、矫饰和不诚实或许多少可以归咎于那个帝国如此盛行的沉着镇静和外表得体。"①

此外，安森还对耶稣会士所赞誉的中国人的灵巧与勤奋进行了反驳。他说中国人的确非常灵巧、勤奋，他们能生产无数稀奇古怪、连最遥远的民族也热衷于搜求的手工艺品，但是中国人自己最看重的手工艺技术事实上仅是二流水平。首先他们被日本人超过，其次他们更无法与欧洲技工的灵巧和娴熟相提并论。中国

---

① Clynder Williams, ed, *A Voyage Round World*, pp.368～369, 转引自张国刚:《从中西初识到礼仪之争》, 人民出版社, 2003 年版第 177～178 页。

手工艺者的基本优势似乎就在模仿，因此他们只能步人后尘，是缺乏天才的劳动者。例如：在自鸣钟、手表和火器之类要求精密度很高的工作中，中国人虽能复制不同的部件，并能在整体上达到某种相似的程度，但却不能在准确性方面达到理想的效果。

对 17 世纪以来一直为英国上流社会所推崇的中国文化，安森也发表了自己的负面评价。他认为中国的绘画和雕塑等其实存在着很多的缺陷，中国虽有一些名声很大的画家，却几乎没有能够绘制出一幅像样的人物肖像的素描或彩画，作品几乎都不讲究构图与透视。虽然中国的花鸟画在欧洲包括英国此时都备受赞赏，但安森却把这些看成是中国画的颜料质地优越而已，与画家的技艺无关。安森还认为中国的方块字是一种可以随意标志来表示字的简陋和拙劣的方法，它不可避免地导致中国文字多得超乎人类记忆力所能容纳的程度，进而使书写成为一种要求进行长时期练习的艺术。结果人们只是练会了书法，而在阅读和领会所写的内容时总是含糊不清与模棱两可。由于中国的语言缺乏语法，所以字与字之间的联系和字所代表的含义无法以书面的形式保留下来，只能一代一代口耳相传，它必将影响人们对原意的理解，因而要证实这个民族悠久的历史文化传统必然存在着许多难以逾越的障碍。

对《环球航行记》的评价

总的来讲，在安森这本《环球航行记》有关中国的章节中，几乎对中国没有什么肯定的评价。但就是这样一本书，不仅在出版之际就成为畅销书,并在此后的几十年里一直影响着英国人对中国的评价,而此前长期建立起来的中国正面形象随之逐步消失。之所以会发生如此转变,与当时的时代背景有密切的联系。

《环球航行记》问世的18世纪50年代,正是英国开始积极准备对外扩张的时代。此时英国的资本原始积累完成,工业革命已经开始,经济实力迅速增长,迫切需要更多的商品销售市场和原料的供应地;"光荣革命"所建立起的君主立宪制和逐步形成的内阁制为英国的对外扩张提供了政治上的保证;在击败荷兰人之后,英国成了实力雄厚的海上强国,这也为英国的海外扩张创造了有利的条件。1763年后,英国又在海外扩张中战胜了另一个

工业革命时期的英国纺织厂

强大的竞争对手——法国，基本上控制了印度次大陆。英国对一直有着正面评价的中国，已经不再满足于文化上的兴趣，而且开始希望能在中国找到更多的经济利益。在这样的一个历史时期，安森的《环球航行记》以他所谓的亲身经历所谈及的对中国的评价，必然会引起英国社会各界的浓厚兴趣。因为相对于那些在华耶稣会士的间接转述而言，安森的话似乎更可信一些。毕竟安森在中国待了一年时间，并与中国的官民进行过广泛的接触。对英国政府中的那些扩张主义者以及民间想到中国去发财的商人来说，《环球航行记》无疑为他们提供了一个更好地了解中国的途径。

反映英国"光荣革命"的油画

但此时英国人没有想到，也不愿想到的是，耶稣会士和安森是从不同的角度对中国人和中国文化进行认识和理解的。从一定程度上讲，在华耶稣会士们起到了文化使者的作用。他们大都懂中文，并长年居住在中国，更多的时间是在北京与中国的宫廷和上层贵族优雅之士打交道。他们对中国文化的感受和对悠久历史传承的了解，相对而言要比安森深刻得多。再加上他们很少与市井百姓直接联系，所以耶稣会士们笔下的中国形象的确是正面的、美好的。毕竟中国是世界上唯一一个两千年来一直有着文字记载历史的文明古国，中国的许多文化遗产实际上是全世界所共同拥有的宝贵财富。这一点是无可置疑的。耶稣会士们传递了这些文明财富，并在此过程中树立了中国的良好形象，应该承认他们在中西文化交流过程中做出了贡献。尽管几经辗转，他们可能在某些方面对中国的文化成就有所夸大，但不能就此认为他们有关中国的介绍和评价是不真实的。

而就安森来讲，他不懂中文，而且在中国的时间前后加起来也不过一年左右；我们尤其要指出的是，他既不是作为文化使者，也不是作为商人，实际上是以半海盗的身份闯进中国的。因此，从一个外来闯入者的角度看待中国人和中国文化，当然与在华耶稣会士们有着明显的区别。况且这个闯入者也受到过耶稣会士的影响，认为中国人会把他这个擅自闯入者当成远方的宾朋予以友好的接待。当他于 1742 年 11 月抵达澳门时，曾期待中国人热情地为他引水，结果遭到了冷遇。后来发现中国人实则对他们很反感的时候，安森对中国人的评价也非常容易产生偏见。当安森在买东西被宰后评价中国人欺诈、自私的同时，他一点也没有检讨自己擅自驾舰驶入一个主权国家的港口、扣押这个国家的臣民、傲慢地对待这个国家的官员，实则是一种侵犯主权、违反法律的海盗行为。要是安森对其他欧洲国家采取类似的行动，就有导致战争的可能。

虽然安森谈到中国人的性格时说到鲁莽、粗鲁要强于伪善、欺诈，但我们认为这只不过是他在为自己的不文明行为进行辩解和掩饰而已。同时，安森在对中国进行负面评价的同时，却看不到他对自己强行闯入中国港口的行为表现出些许歉意，这恰恰反映出他只不过是一位傲慢的扩张主义者而已。特别是他既不懂中文，又缺乏必要的鉴赏力，便对中国的书画和文字妄加评论，充分显示出了他的粗俗与无知。因此，安森在《环球航行记》所谈到的一些自己在中国的感受和对中国的评价，很难说是客观和全面的。这本书之所以在出版后便备受关注，并影响此后英国人对中国的看法，并不是因为它的内容真实可靠、分析深刻，而是由于它迎合了英国进行海外扩张的需要。这正如有些西方学者所认为的那样：18世纪中期的欧洲在各方面都发生了转折，包括英法两国的舆论也在18世纪中期转而强烈地反对中国，这其实是由于一些与中国没有什么关系的国内原因所引起的。①

---

① Mackerras, *Western Images of China*, New York, 1991, p.43. 转引自张国刚：《从中西初识到礼仪之争》，人民出版社，2003 年版第 179 页。

第四章 18世纪末马戛尔尼使华及其影响

马戛尔尼使华的背景

在 18 世纪末，中英交往过程中最有影响的一件事便是英国特使马戛尔尼出访中国。从新航路开辟以来"及至工业革命兴起与海权大张后，英国是第一个派遣使团来华寻求正式承认和扩大通商的欧洲国家"。①

早在 16 世纪末，英国女王伊丽莎白一世便于 1583 年和 1596 年两度遣使致书中国皇帝，备言两国之间通商之利，然都未送达。②1635 年，英国的考亭商会（The Courteen Association）还组织了一支以韦德尔（John Weddell）为首的舰队非法驶入广州境内的珠江，也未能达到与中国建立正式贸易关系的目的。在 18 世纪后半期，随着工业革命的进展，英国更急于开拓海外市场，这使得英国政府迫切希望通过与中国建立起正式外交关系，从而改善

---

① 萨本仁、潘兴明：《二十世纪的中英关系》，上海人民出版社，1996 年版第 10 页。
② 1986 年 10 月，英国女王伊丽莎白二世来中国访问期间，才将这些信件作为礼物送给时任中国国家主席的李先念。

和扩大双边贸易。① 因为在英国人看来："自英国到中国开辟市场之日起，英国人在中国始终处于比其他欧洲各国商人更不利的地位，而这种情况应当有所改变。"② 但中国政府从未考虑过与外国建立政治上的外交关系，它们与外国的接触仅限于藩属关系或商业上的往来。

18 世纪末，英王乔治三世在位时期，英国东印度公司为改变这种状况，吁请英国政府派遣使者前往中国直接与清朝政府进行政治上以及商业上的交涉。并认为这样做的好处在于："首先，与中国政府交涉以改善英国商人在华的处境，并消除几年前英国船只炮袭华人事件可能产生的负面影响；③ 其次，在茶叶已成为英国人生活必需品且在相当长时间内仍只能依赖中国进口的情况下，必须要同北京王朝建立良好关系以确保这一供货渠道畅通；最后，与中国建立外交关系后，若英国在印度的殖民地与中国发生边界冲突将有很大的回旋余地。"④

英国的东印度公司成立于 1600 年，是对好望角以东至麦哲伦海峡之间具有贸易垄断权的商业组织。自 1600 年起至 1833 年，

---

① 萨本仁、潘兴明：《二十世纪的中英关系》，上海人民出版社，1996 年版第 10 ～ 11 页。

② 张国刚：《从中西初识到礼仪之争》，人民出版社，2003 年版第 132 页。

③ 1784 年，Qady Hughs 号的一位炮手在放礼炮时炸死了两位中国的地方官员，从而引起中英关系紧张，贸易停顿。英国的大班史密斯在广州被扣为人质。英国人在最终得到必须公平地对待炮手的承诺后，被迫交出肇事者。这名炮手后被中国人处以绞刑。在英国人看来，这名炮手充其量也就是过失犯罪，不应该被处死。此后，英国人在类似的事件中，不再把人交给中国人处理，同时也不再放礼炮了。（Earl H. Pritchard，*Anglo - Chinese Relations during the Seventeeth and Eighteenth Centuries*，p.148.）

④ 张国刚：《从中西初识到礼仪之争》，人民出版社，2003 年版第 132 页。

东印度公司始终垄断着对华贸易。私人如获公司特许在印度居留并从事贸易者，亦可在中国与印度之间进行所谓的"国家"贸易。英国对华贸易遂成为东印度公司的专利。例如：1785 年—1789 年间，欧美各海上贸易国对华贸易输入总值银年平均 448.9 万两，英国为 361.2 万两，占 80.5％；同期输出总值银年平均 845.4 万两，英国为 549.1 万两，占 65％，美国和欧陆各国仅占输入的 2.7％和 16.8％、输出的 3.9%，和 31.1％。[①] 由此可见，在 18 世纪晚期，英国已成为中国最大的贸易伙伴。

1784 年，英国小威廉·庇特（William Pitt the Younger）政府成立了主管印度事务的印度事务部，后屡任内政部、印度事务部和陆军部大臣的内阁阁员邓达斯（H. Dundas）十分热衷于推动英国政府派遣使团来华交涉。在取得庇特首相的同意与东印度公司的响应后，英国政府于 1787 年组成了以卡思卡特（C. Cathcart）为首的访华使团。卡思卡特曾任英国驻孟加拉的军需总监，时任国会议员，"还是英国当时迅速致富的工业家——陶瓷大王魏吉伍德（Josiah Wedgwood）的大主顾和老朋友"。[②]1787 年 12 月 21 日，他奉英王乔治三世的国书和政府颁发的训令率领使团由斯皮特黑德港（Spithead）起航东来。

卡思卡特使团的目的是想向中国表明，尽管英国在印度发展迅速，然而对中国却并没有领土野心。同时还准备向中国建议，

① 严中平等编：《中国近代经济史统计资料选辑》，科学出版社，1955 年版第 4～5 页。
② 同上。

乔治三世

两国互派外交使节常驻对方的首都，改善两国的通商状况；中国政府划出片地或岛屿作为英商的货栈之用；等等。使团来华的全部费用由东印度公司负担，"据统计，包括薪金、礼品和货物在内，大约有一万英镑左右"。[1] 但卡思卡特不幸于翌年6月10日病逝于途中。当时，他的座舰"卫思达"（Vesta）号虽已驶抵苏门答腊附近的班卡（The strait of Banka），但由于出行前英国政府未正式任命谁将在卡思卡特因特殊情况亡故时接替他的位置，所以这个使团不得不于1788年底从途中返回英国，"随后的三年里，特使的人选问题成为出使计划悬而未决的重要原因。直到1791年10月，时任内政大臣的邓达斯向外交场上久经风浪且功绩不凡的马戛尔尼（G. Macartney）提出出使的建议"。[2]

马戛尔尼使团

马戛尔尼于1737年出生于爱尔兰的一个贵族家庭，受过良好的教育。1764年，他被任命为英国

① Earl H. Pritchard. *Anglo-Chinese Relations during the Seventeeth and Eighteenth Centuries*，Urbara，1930，p.177.
② 斯当东：《英使谒见乾隆纪实》，上海书店出版社，1997年版第28页。转引自张国刚：《从中西初识到礼仪之争》，人民出版社，2003年版第133页。

格林纳达岛海滩

驻俄公使，并被授予爵士头衔。后又历任爱尔兰行政大臣、西印度群岛格林纳达岛的总督。1780 年被任命为英属马德拉斯总督，在任达 5 年之久。1792 年和 1794 年，他又相继晋升为子爵和伯爵。总之，马戛尔尼在率使团来华之前，已是一位年逾半百、任过多种行政与外交职务，并有丰富的处理殖民地事务经验的英国高级官员。而他本人也对前往中国、面觐中国皇帝有着浓厚的兴趣。所以，英国政府遣其使华的意向刚刚表露，他便欣然接受。[①]1791年 12 月 22 日，当邓达斯就如何率领使团出使中国等具体问题与马戛尔尼商讨之后，英国政府便做出了派遣马戛尔尼率团访问中国的决定。

① 斯当东：《英使谒见乾隆纪实》，商务印书馆，1963 年版第 12 页。转引自萨本仁、潘兴明：《二十世纪的中英关系》，上海人民出版社，1996 年版第 12 页。

曾经的马德拉斯

　　为了更好地完成自己的使命，马戛尔尼在 1792 年 1 月 4 日致函邓达斯，提出如下几点建议：应就使团访华一事尽早通知中国政府；为了不使中国朝廷因不了解英国而轻视使团，使团应通过隆重的排场与至高的尊严来显示英国的财富和实力；为了改善两国的贸易状况，应设法与中国政府订立友好同盟条约并交换使节；他的座舰应为军舰，并派轻装步兵和野战炮兵若干名充校阅之用以壮声威；使团成员应有若干科学家和技师，以显示英国高度的文明；派常驻领事赴广州，通知中国方面使团到达的有关事项。①

---

①　Earl H. Pritchard, *The Crucial Years of Early Anglo-Chinese Relations 1750—1800*, Washington, 1936, pp. 275 ～ 276. 转引自萨本仁、潘兴明《二十世纪的中英关系》，上海人民出版社，1996 年版第 13 页。

对于马戛尔尼所提出的这些建议，除东印度公司董事会主张由它派驻在广州的常设机构负责通知中国当局有关使团来华的事项、不再另派常驻领事赴广州外，邓达斯基本上全部采纳了，并授权他负责组织使团的全部工作。于是，马戛尔尼便遴选了 30 名文职人员和 53 名军职人员，委任私交甚厚的斯当东（Sir George Leonard Staunton）为使团秘书及大使缺席时的全权公使，授命在大使死亡或丧失行为能力时执行使团的任务，"不过，使团在寻找合适的翻译方面遇到了一些麻烦，但最终还是在意大利的那不勒斯的一个学院里找到了两个会说英语的中国人"。①

斯当东

1792 年 5 月 2 日，马戛尔尼觐见英王乔治三世，并被正式任命为出使中国的特命全权大使。9 月 8 日，马戛尔尼又接到邓达斯所签署的英国政府就使团出访中国的有关训令。训令指出：英国在华具有重要的商业利益，而目前的通商状况却远不能令人满意。因此，使团此行的意义和作用十分重大。为了防止横生枝

---

① Earl H.Pritchard, *Anglo-Chinese Relations during the Seventeeth and Eighteenth Centuries*, Urbara, 1930, p.181.

节，使团要避免途经广州，而应直航天津进京，尽早觐见中国皇帝为宜。觐见的仪式自应以无损英王尊严和大使的身份为准。但也不能纠缠琐屑，以致造成中国君臣的不良印象，因小失大或得不偿失。中国的皇帝很可能对远方的来使萌生好奇，如蒙垂询欧洲的情况，则勿失接近之良机。训令还强调：使团必须向中国政府说明英国对中国绝无领土野心，只是为了扩大通商互惠。为此要求中国政府划出片地或岛屿作为英商储货及居留之用。如果中国方面要求英国不得由印度进口鸦片，则应立即承允，切勿因此影响其他重大利益。① 此外"他还被指示，不必坚持解决尚未结算的债务问题，如果他认为更多的让步可以由此而获得的话"。②

鉴于马戛尔尼出使中国的全部费用，包括馈赠中国皇帝的价值约 1.6 万英镑的礼品均由东印度公司支付，公司也于 1792 年 9 月 8 日给马戛尔尼发出训令。东印度公司的训令强调："阁下此行，乃往帝国之首都而非边鄙，吾人应放大眼光，以冀获得更充实而有用之情报和实际利益。"③ 中国传统输英货物中最大宗的物品是茶叶、丝、丝织品、棉织品和瓷器。东印度公司认为，茶如能在印度本公司领土内种植是最理想的，"较重要者就是要获取产丝及织丝之方法的详细情报……又中国制造棉布之性质及范围，如

---

① H. B. Morse，*The Chronicles of East India Company Trading to China 1635—1834*.vol. Ⅱ，Oxford，1926，pp.232～233。转引自萨本仁、潘兴明：《二十世纪的中英关系》，上海人民出版社，1996 年版第 13 页。

② Earl H. Pritchard，*Anglo-Chinese Relations during the Seventeeth and Eighteenth Centuries*，Urbara，1930，p.181.

③ 朱杰勤译：《中外关系史译丛》，海洋出版社，1984 年版第 197 页。

能得其情报，正合吾人所望"。① 至于东印度公司的实际利益方面，"最重要的目标，即获取在广州以北各埠贸易之特许。……在广州以北获得港口的动机，乃希望伸展吾人之商务，并希望以半价或较逊于广州之价格而购买物品，尤其是茶叶"，② 因为"中国一切对外贸易，由 1757 年（乾隆二十二年）以来，法律规定限在广州。而 1757 年之前 50 年，习惯上也在广州。在广州则受各种规定、课税及其他限制，未能晏然行事，而居于广州之洋商常觉不快与受威胁"。③

显然，相对英国政府的训令而言，东印度公司的训令具有更明显的商业色彩。对于马戛尔尼所率领的这个"官办商助"的使团来说，这也是在所难免的。但应该指出的是，东印度公司的训令并不仅仅是一个商业色彩浓厚的问题，而是超出了一个外交使团所能接受的使命范围，使它负有了窃取中国商业情报的目的和任务。这是对一个主权国家的极大轻视和伤害，也为任何一个主权国家所不能容忍。所以，东印度公司的训令在充分体现出其商业目的的同时，实际上也构成了使团之所以不能履行其使命的重要因素。

为了掩盖马戛尔尼使团的真实意图，英国政府决定"马戛尔尼应该带上一封英国国王致中国皇帝的信件，表达他对中国皇帝八十寿辰的恭贺和良好祝愿，从而把使团的商业目的掩盖在堂而

---

① 朱杰勤译：《中外关系史译丛》，海洋出版社，1984 年版第 202 页。
② 同上，第 198～199 页。
③ 同上。

朴次茅斯码头

皇之的借口之下"。① 使团携带的贺寿礼品装了 600 箱，运抵天津后动用了 90 辆骡车、40 辆独轮车、200 匹马和 3000 名脚夫运进北京。英国海军部指派装有 64 门大炮的军舰"雄狮"（Lion）号为马戛尔尼的座舰，东印度公司也指派印度商船"印度斯坦"（Hindostau）号运载礼品，另有两艘供应船由随员乘坐。②1792年 9 月 26 日，马戛尔尼使团的船队由英格兰南部的港口朴次茅斯（Portsmouth）起航东来，"1793 年 3 月，使团到达巴达维亚。在这儿接到广东方面的来信，表示中国皇帝很乐意接见使团，有关的准备工作也在落实之中"。③

① Earl H. Pritchard, *Anglo-Chinese Relations during the Seventeenth and Eighteenth Centuries*, Urbara, 1930, p.181.
② 萨本仁、潘兴明：《二十世纪的中英关系》，上海人民出版社，1996 年版第 14 页。
③ 同上。

马戛尔尼觐见乾隆

就乾隆皇帝而言，对前来为他祝寿的英国使者是持欢迎态度的。他在接到广东巡抚郭世勋关于使团的船队要求径达天津的奏报后，即廷寄传旨准许使团由天津入京。并命使船所经沿海各省督抚及天津长芦盐政征瑞负责照料和接待，遂又加派直隶总督梁肯堂由保定赴天津会同照料。[①] 乾隆对英国使团的这种特殊关照，主要是因为英国使团"初次观光上国，非缅甸、安南等处频年入贡者可比"。[②] 在他看来，英国来的使团虽不同于"频年入贡者"，但毕竟还是前来给他祝寿的"贡使"。因此，当英国使团将礼品清单的中文本交给中国的官员时，中国官员便把清单上的"礼品"改为"贡品"。这使英国人感到十分不快，"但马戛尔尼不知道，看过礼品清单中译本的乾隆皇帝对英使在其上自命为'钦差'感到气恼和荒诞。因为'钦差'一词将英王升格到与中国皇帝平等的地位。而在中国皇帝的眼里，英使及一切外国来使都只能称为'贡使'或'藩使'。所以自登州以后，使团乘坐的船只和后来陆行时车上都多了几面写着'英吉利贡使'的旗子"。[③]

1793 年 8 月 5 日（乾隆五十八年六月二十九日），马戛尔尼使团一行在天津大沽登岸，受到梁肯堂的欢迎。时值盛夏，乾隆

[①] 萨本仁、潘兴明：《二十世纪的中英关系》，上海人民出版社，1996 年版第 14 ~ 15 页。

[②] 《清实录》二七册，第一四三一卷，中华书局，1986 年影印本第 131 页。转引自萨本仁、潘兴明：《二十世纪的中英关系》，上海人民出版社，1996 年版第 15 页。

[③] 张国刚：《从中西初识到礼仪之争》，人民出版社，2003 年版第 135 页。

马戛尔尼觐见乾隆

不在北京而是在热河的避暑山庄。为此，马戛尔尼提出要前往热河避暑山庄觐见中国皇帝。乾隆同意了马戛尔尼的这一要求，但在面觐中国皇帝的礼仪问题上却颇费了一番周折。早在使团抵达大沽的前两天，乾隆钦发梁肯堂和征瑞的廷寄中，规定的礼仪问题原则是"若该贡使等于晋谒时行叩见之礼，该督等固不必辞却。倘伊等不行此礼，亦可顺其国俗，不必加之勉强"。[①] 但在英国使团抵达天津的三天后，钦发廷寄却又强调"各处藩封到天朝进贡观光者，不特陪臣具行三跪九叩之礼，即国王亲来朝拜者亦同此

---

① 故宫博物院：《掌故丛编》第 3 辑，1928 年版第 20 页。转引自萨本仁、潘兴明：《二十世纪的中英关系》，上海人民出版社，1996 年版第 15 页。

礼"，[1] 并指令梁肯堂和征瑞婉转地告知马戛尔尼，"今尔国王遣尔前来祝嘏，自应遵天朝法度"。[2] 为此，征瑞和马戛尔尼两度就觐见的礼仪问题发生激烈的争论。征瑞以天下无不跪之臣坚持面觐时跪拜，马戛尔尼以英国非中国的藩属为由拒不接受，遂成僵局。

1875 年—1890 年的承德避暑山庄地图，现存于美国国会图书馆

---

① 故宫博物院：《掌故丛编》第 5 辑，1928 年版第 31 页。转引自萨本仁、潘兴明：《二十世纪的中英关系》，上海人民出版社，1996 年版第 15 页。
② 同上。

为了打破僵局，也唯恐由礼仪之争引起乾隆的不快反误承命，9 月 8 日，马戛尔尼一行抵达热河行宫后，先行拜会了权倾一时的军机大臣和珅。提出或行互惠的权宜之计，即他向中国皇帝跪拜，但须有地位相当的廷臣也向英王画像跪拜如仪；或以觐见英王的礼仪，屈一膝行吻手礼。最后乾隆允许英使行觐见英王礼，免去吻手，保留屈一膝并深度鞠躬。从而使礼仪问题在形式上得到了解决。[①]

1793 年 9 月 14 日，马戛尔尼率领斯当东及其子乔治·托马斯·斯当东（George Thomas Staunton）以及翻译，在热河行宫万树园大幄次觐见乾隆皇帝并递呈国书。乾隆友好地表示很高兴接见英使一行，并让小斯当东试讲些汉语。谒见时气氛十分融洽。英使一行告辞时，乾隆还赏赐了许多礼品。[②] 翌日，在和珅的陪同下英使游览万树园，并再次面觐乾隆帝，"9 月 17 日清晨，英使又随众人一起参加了皇帝寿辰的典礼。在成百名三跪九叩首的人中，一干英国人只用单腿跪地。但

和珅

---

① 萨本仁、潘兴明：《二十世纪的中英关系》，上海人民出版社，1996 年版第 14 页。
② 斯当东：《英使谒见乾隆纪实》，商务印书馆，1963 年版第 367～368 页。

这回皇帝本人自始至终没有露面"。① 至此，英使觐见中国皇帝的礼仪结束。

对于乾隆来讲，祝寿与觐见结束后，英国使团的朝贡使命已经完成，即可打道回府。但对马戛尔尼而言，他所要完成的使命实际上还没有开始执行。所以，他一直想寻找机会与中国政府商谈通商和驻节等问题，"在和珅的陪同下游万树园时，马戛尔尼屡欲与和珅谈及此行使命等问题，但均被和珅闪避。庆贺乾隆帝万寿时，他又试图向皇帝面陈，亦未如愿"。② 很显然，中国政府并不愿意与马戛尔尼商谈觐见之外的其他事宜。9 月 21 日，马戛尔尼使团不得不离开避暑山庄回到北京。

历史机遇的错失

在京期间，"马戛尔尼听说中国政府已经就英王致中国皇帝的信件内容和今后如何应付英国人召开过专门会议，并且结论对英国人不利"。③ 为此，马戛尔尼决定抓紧他在北京逗留的时间，尽力争取机会与中国政府进行商谈，并向和珅表示，希望英国使团能在北京逗留到中国的农历新年后再南下广州。但和珅却以北京冬天天气寒冷对使团人员的健康不利为由，让马戛尔尼率使团

---

① 张国刚：《从中西初识到礼仪之争》，人民出版社，2003 年版第 137 页。
② J. L. Granmer-Byng, *An Embassy, to China*, London, 1963, pp.131～138. 转引自萨本仁、潘兴明：《二十世纪的中英关系》，上海人民出版社，1996 年版第 16 页。
③ 同①，第 138 页。

人员趁河还未封冻之前，早日由水路踏上归途。在这种情况下，马戛尔尼不得不在 10 月 3 日以书面的形式向和珅提出了英国政府的六点要求：

1. 允许英国的商人到舟山、宁波和天津从事贸易活动。

2. 允许英国商人在北京设立商馆。

3. 予英商在舟山附近一处未设防的小岛，作为储货和居留之所。

4. 在广州附近也给予英国商人类似的特权。

5. 废除广州海关正税之外的各种费用，并给英商颁发一本中国的海关税则，以资查存。①

也许在马戛尔尼看来，他是按照英国历年来的通商原则提出这些要求的，对于一个平等的贸易伙伴来说，似乎并不过分。但马戛尔尼没有想到的是，在乾隆和中国政府大员的眼里，他只是一个"世居西海""向风而慕义"的英吉利前来祝寿朝贡的使臣，英国也不具有与中国同等的政治与经济地位。中国允许英商在华贸易，已是天朝"加恩体恤"之举。英国人还想在此基础上要求在京师驻节与开设商馆、在舟山求得片地或岛屿，并要求减免税收、扩大贸易口岸等，这都是中国所不能接受的。由此可见，尽管马戛尔尼还算是当时英国一位具有丰富经验的外交人员，又在英属印度担任过重要职务的殖民地行政官员。但他所提出的这六点要

---

① Earl H. Pritchard, *Anglo-Chinese Relations during Seventeenth and Eighteenth Centuries*, Urbara, 1930, p.183.

求，恰恰表明他对中国的政治文化还不大了解，还不懂得如何来与中国的高层打交道。所以，他在中国碰壁也就成了不可避免的事情。

在 1793 年 10 月 3 日至 17 日，中国的乾隆皇帝以训令的款式向英王颁发了三道敕谕。在嘉许了英王"倾心向化"后，断然拒绝了英国人提出的驻节京师的要求。理由之一是与"天朝体例"不合，"岂能因尔国王一人之请，以至更张天朝百余年的法度"；理由之二是驻节无助于改善贸易状况；理由之三是驻节亦无益于教化，因英国人是无法实施天朝礼法制度的。同时敕谕还指出：天朝物产丰盈，无所不有，原不借外夷货物以通有无。特因天朝所产茶叶、瓷器和丝为西洋各国必需之物，是以加恩体恤。于定例之外，多所陈乞，皆更张定制，不便准行。鉴于天津、宁波未设洋行无从销售货物，况且这些地方并无通事，诸多不便，因此除广东、澳门等地仍准照旧交易外，所有尔使臣恳请向浙江宁波、舟山及直隶天津地方泊船贸易之处，皆不可行。至于要求仿俄例在京师设商馆一节，从前俄国人在京城设馆贸易，因未立恰克图之前，不过暂行给房居住……天朝疆界严明，从不许外藩人等稍有越境搀杂，是尔国欲在京城立行之事必不可行。况且，天朝尺土俱归版籍，疆址森然，即岛屿沙舟，亦必划界分疆，各有专属……敕谕对于其他各项亦均一一批驳。不开特例，不予优惠。[1]

乾隆的这三道敕谕，实际上终结了马戛尔尼使华所期待完成

---

[1] 萨本仁、潘兴明：《二十世纪的中英关系》，上海人民出版社，1996 年版第 16～17 页。

的使命。客观地讲，从政治的角度来看，乾隆的这三道敕谕有其合理之处。中英之间并未建立正式的外交关系，中国在伦敦也没有设立外交机构，所以英国人提出的驻节京师实属过分要求。同时，出让澳门给葡人暂居是前朝的事，要是在乾隆当政时期也想让其因循先例，则为断不可行之事。这正如敕谕中所说的那样，"天朝尺土俱归版籍，疆址森然"，哪怕是片地小岛也不可让予英国人暂居。

然而，从这三道敕谕中也可看出，中国政府和乾隆本人对于英国和正在发生变化的外部世界一点也不了解，反以"天下共主"的姿态，把已成为欧洲强国的不列颠当成是前来朝贡的藩属，对马戛尔尼所称"英王为西方最伟大的国王，乾隆为东方最伟大的国王"之类的表述极为反感，认为这是他不懂天朝礼法、妄自尊大的表现。同时，又认为天朝物产丰盈、无所不有，允许英商在广州贸易已是天朝的恩举，对马戛尔尼所带来的一些反映西方科技成果的物品视而不见，甚至对拥有强大火力的"雄狮"号军舰也没放在眼里，更看不到商业在互通有无、促进社会经济发展过程中的重要作用，只是把它当成皇恩浩荡的行为。所有这些都反映出此时的清朝皇帝与高官显贵对外部世界既懵懂无知，又拒绝了解观察；在对外交往中以"天朝大国"自居，缺乏平等、互惠的认识和观念。结果使当时的中国错过了一个更好地了解外部世界并与之进行直接接触的历史性机遇，从而在国家未来发展的过程中处在被动的地位。

1793年10月7日，马戛尔尼使团失望地离京南下，由内陆经杭州、广州回国。乾隆特派军机大臣、户部左使郎松筠陪送使团由运河南下杭州。使团由杭州至广州则由新授两广总督长麟陪行。途中，马戛尔尼趁机向他提出改善中英贸易状况的要求。1794 年 1 月，马戛尔尼在抵达广州后，再次向长麟具体地提出了16 项改善英商在广州从事贸易的要求，得到了长麟的部分口头认可。1 月 10 日，马戛尔尼率使团离广州赴澳门，9 月 5 日抵达朴次茅斯港，结束了近两年的中国之行。[①] 这也如某些历史学家所指出的那样："马戛尔尼（在中国）受到了最友好和最殷勤的款待，同时又被予以高度的戒备与防范，并以极为客套的形式打发其离开。"[②]

马戛尔尼使华的影响

在接待马戛尔尼使团访华的过程中，清政府为显"天朝"气派，彰显国威，不惜巨资来接待使团，"据估计，中国方面的招待费用共计 85 万美元左右"。[③] 出于同一动机，乾隆特意安排马戛尔尼由内陆踏上归程，就是要让这些英国人一睹天朝的民物康阜、景象恬熙，从而使英国人"知感知畏"。[④] 但这恰恰给英国人一个

---

① 萨本仁、潘兴明：《二十世纪的中英关系》，上海人民出版社，1996 年版第 18 ～ 19 页。
② Earl H. Pritchard, *Anglo-Chinese Relations during the Seventeenth and Eighteenth*, *Centuries.* Urbara, 1930, p.184.
③ Ibid, p.182.
④ 《清史列传》卷二三，《松筠传》。转引自萨本仁、潘兴明《二十世纪的中英关系》，上海人民出版社，1996 年版第 18 页。

了解中国、获取有关政治与经济情报的极好机会。与清政府官员的接触，以及沿途的所见所闻，使马戛尔尼虽对中国的"民物康阜"有所感受，但也发现了不少的腐败现象与政府的积弊，从而进一步证实了18世纪后半期英国人对中国的否定看法。

马戛尔尼使团返回英国后，使团成员有关中国之行的笔记便先后问世，随即在英国和欧洲产生了很大的影响，它们的"影响力一直持续到鸦片战争时期"。[①] 其中以"雄狮"号大副安德逊所写的《英国人眼中的大清王朝》、使团秘书斯当东所写的《英使谒见乾隆纪实》和使团事务总管巴罗所写的《中国纪行》（*Travels in China*）影响最大。

在安德逊和斯当东的书中，仍可见英国人对中国还有某些正面描述之处。安德逊就提到白河两岸有广阔的操场、丰饶的田亩和极为美丽的花园，处处怡情悦目；鞑靼地区风光怡人，令爱好自然美者陶醉在其中；北运河两岸平坦富饶，农业欣欣向荣；南运河地段物产丰盈、景色怡人；杭州城宏大、繁荣、富裕；钱塘江上游是一幅青山相对、绿水长流的风景画卷；赣江两岸的广阔田野、成群的牛羊以及远处的大山也构成一派十分迷人的景象。安德逊还一再称赞中国的土地极适宜耕耘，中国人富于植物学知识，精通农业技术和园林艺术，庄稼人耕作的手段也十分高超。[②]

---

① 张国刚：《从中西初识到礼仪之争》，人民出版社，2003年版第180页。
② 详见安德逊：《英国人眼中的大清王朝》，群言出版社，2001年版第57、69、108、151、155 ～ 156、160、162 ～ 164、166、173 ～ 174、176 ～ 188页。

斯当东的书中除了有些类似安德逊的对中国自然风光的赞美外，还较详细地介绍了中国人耕田、种稻、打稻谷、种桑、养蚕、采茶、制茶的方法，相应地介绍了引水灌溉法和汲水工具，列举了中国农产品的种类，包括只有在中国才出产的水果。斯当东还提到，在去广州的途中马戛尔尼通过与两位清廷大员的接触，得到了中国的人口统计数据、国家收入、步兵数量（100 万）和骑兵数量（80 万）、士兵待遇等一系列中国基本国情的数据。[①]

但他们也都指出，尽管中国的土地如此丰饶、人民如此勤劳，生活却普遍贫困。一个重要的原因就是中国科技与生产力落后。斯当东虽承认中国人在特定的几种手工业上的技术非常高超——他发现中国工匠的风箱和木匠的刨子都有独到之处，为此还要了一个风箱模型带回英国研究。然而，就整个工业和科学技术而言，中国远比西方国家落后。比如说，中国人虽然独立地发展了早期天文学，却又很快堕入占星术的错误幻想而破坏了对天文学的钻研。加上中国皇帝垄断天文学知识，以自己能够预测天象来提高威信，导致天文学知识成为宣扬迷信的工具。他还提到，中国虽有关于化学、博物学的百科全书，却没有系统的理论，不通过实验检测，构不成科学定律；中国的保健状况非常落后，没有正式的医科学校，医生地位不高，外科知识尤其落后，解剖学错误百出。在手工业方面，如制造陶瓷最重要的一件事是鉴定炉内的火候，英国已发明出专门的温度计，但中国却没有，因此中国的陶瓷从发展前途上看并不稳固。再如中国和英国的花岗岩、云母成分中

---

① 斯当东：《英使谒见乾隆纪实》，上海书店出版社，1997 年版第 417、462 页。

有时都包含一些影响制陶的铁质，英国人此时已有合适的工具把它碾成极细的粉末，而中国人却还做不到这一步。所以，中国的人工虽然便宜，英国的成本却比中国的更低。他还指出，中国的熔铁炉构造不如英国，中国懂得怎样磨制水晶镜片却不懂一些基本的光学原理。[①]

此外，斯当东和安德逊还就中国人的生活习惯、社会惯例、司法制度与风俗等谈到了他们自己的见解。特别是对中国人的品行，他们虽没有安森那样的极端评价，但也没有耶稣会士们所描写的那么美好。在他们看来，中国人除在节俭、勤劳和在生产中具有一定创造力这样的美德外，欠缺之处确实不少："中国人闭关自守，对中国范围以外的事物都不感兴趣，却又惯于猜忌外国人。不仅有政治性质的猜忌，也延伸到生活细节方面。中国人提倡孝道，看重家族关系，甚至将法律和孝道结合起来，但缺乏一般的人道心。观看使团船队落水的人非但不及时施救，还有人去抢落水者的帽子，导致有几个人溺死。中国人愚昧无知、生活穷苦，因而迷信佛的力量，并且只求温饱而没有发财致富的上进心，也因此不求改进生产方法……中国人比任何其他国家更早、更先进地讲究外表上的道德，见面拱手作揖、鞠躬屈膝，并认为这些是代表文明的动作，不习于这些礼节的外国人都被他们视为野蛮人。但做完这套礼节后，他们就可以毫无拘束地信口胡说，再也不计较失礼

---

① 张国刚：《从中西初识到礼仪之争》，人民出版社，2003年版第183～184页。详见斯当东《英使谒见乾隆纪实》，第391～503页。

和不道德。"①

如果说安德逊和斯当东的书里还对中国有肯定之处的话,那在巴罗的《中国纪行》一书中,中国的正面评价几乎很少被提及。巴罗认为:"中国是由一个暴虐压迫和不公正的政府所统治的。这种统治煽动了惧怕、欺骗和不服从的情绪。残酷的法律抹杀了人类天生的任何尊严之思。极度的贫穷和无望的困苦、频繁遭受可怕的饥荒和随之而来的悲惨景象及可怕灾难,这些都导致杀婴、弃婴现象十分普遍。中国人很肮脏,几乎不洗澡,也不洗衣物,他们是狡猾的骗子和窃贼,他们的普遍性格是骄傲与自私、假正经和真轻佻、彬彬有礼与粗鲁野蛮的奇怪混合物。"他还特意提到"中国人的彬彬有礼也许是为了显得公平,也说明自己所谴责的并非中国人的天性和品质,而是统治体系,包括满人一点也不想加以改进的古老而又停滞的政治结构的形式和弊端。"②巴罗的这些看法显然迎合了当时的英国社会对中国的负面评价。

因此,可以这样认为,马戛尔尼使华在中英交往方面所表现出来的社会文化影响,最重要的一点便是完全改变了中国从 17 世纪以来在英国社会中所形成的强大与美好的形象。对中国人和中国社会政治与文化方面的负面评价,已经成为英国人对中国认识的主流。此后,在中英交往的过程中,英国人逐渐占据了主动地位。随着中国的国门被英国人的炮舰所轰开,中英之间的交往也由此发生了根本性的变化。

---

① 张国刚:《从中西初识到礼仪之争》,人民出版社,2003 年版第 189 页。
② 同上,2003 年版第 190 页。

　　总之，在18世纪这100年里，中英之间的交往经历了从间接到直接、从正面到负面、从主动到被动的转变。18世纪上半期，是英国人认识与了解中国文化和社会的阶段。在此期间，中国具有悠久历史的文化对英国人产生了莫大的吸引力，也引发了英国社会对中国的向往甚至仰慕。但从18世纪中期开始，随着中英之间直接交往的增多，英国人对中国的了解更加完整。而此时中国的故步自封与英国的海外扩张既形成了强烈的对比，也导致冲突发生的必然性。当马戛尔尼使华空手而归之际，中国并未意识到失去认识外部世界这一历史机遇的重要性。直到虎门炮台上的硝烟袅袅飘过之时，历来以天朝自居的大清王朝才开始意识到自己的落后，才觉得有必要睁开眼睛看世界。这样的结果也充分显示出，在近代中英交往的过程中，18世纪这100年在整个中英关系发展史上所具有的重要地位和影响。特别是1750年—1800年间，将它称之为早期中英关系发展的"决定性时代"，的确有其合理之处。[1]

---

① 英国中英关系史研究专家 Earl H. Pritchard 在1936年出版了一本关于中英关系的专著，书名即为《早期中英关系的决定性时代，1750—1800》（*The Crucial Years of Early Anglo-Chinese Relations*，*1750—1800*）。

反映英国贩卖鸦片的趸船的油画，威廉·约翰·哈金斯绘，1824 年

主要参考文献：

1. 刘鉴唐、张力主编：《中英关系系年要录（13世纪—1760年）》，四川社会科学院出版社，1989年。

2. 吴建雍：《18世纪的中国与世界：对外关系卷》，辽海出版社，1999年。

3. 许明龙：《欧洲十八世纪"中国热"》，山西教育出版社，1999年。

4. 利奇温：《十八世纪中国与欧洲文化的接触》，商务印书馆，1991年。

5. 斯当东：《英使谒见乾隆纪实》，叶笃义译，上海书店出版社，1997年。

6.《中外关系史译丛》，朱杰勤译，海洋出版社，1984年。

7. 佩雷菲特：《停滞的帝国——两个世界的撞击》，王国卿等译，三联书店，1995年。

8. Earl H. Pritchard, *The Crucial Years of Early Anglo-Chinese Relations, 1750—1800*, Washington, 1936.

9. J. L. Cranmer-Byng, *An Embassy to China*, London. 1962.

10. E. Gordon, *Collections Chinese Porcelain for Export*, London, 1977.